Heinz-Dieter Pohl

Kleines Kärntner Wörterbuch

Heinz-Dieter Pohl

Kleines
Kärntner Wörterbuch

VERLAG johannes heyn

Druck: Florjančič tisk, Maribor

© Verlag Johannes Heyn, Klagenfurt/Celovec 2007
3. Auflage 2023
ISBN 978-3-7084-0243-7

Printed in Slovenia

Dieses kleine Wörterverzeichnis ist eine ver-
besserte und erweiterte Neuauflage meines
vor 13 Jahren (1994) erschienenen „Kärntnerisch
von A-Z". Wie bei diesem handelt es sich auch bei
dem vorliegenden Buch um ein eher populärwis-
senschaftliches Werk. Die Einleitung gibt einen
kurzen Überblick über alle in Österreich gespro-
chenen Dialekte und versucht dann die Eigenart der
südbairischen Kärntner Mundart vorzustellen, die
am südlichen Rand des deutschen Sprachgebietes
gesprochen wird. Auch die engen sprachlichen
Beziehungen zum slowenischen Nachbarn fanden
entsprechende Berücksichtigung.

Klagenfurt, im Juli 2007

HEINZ DIETER POHL

KARTE 1
DIE MUNDARTLICHE GLIEDERUNG KÄRNTENS

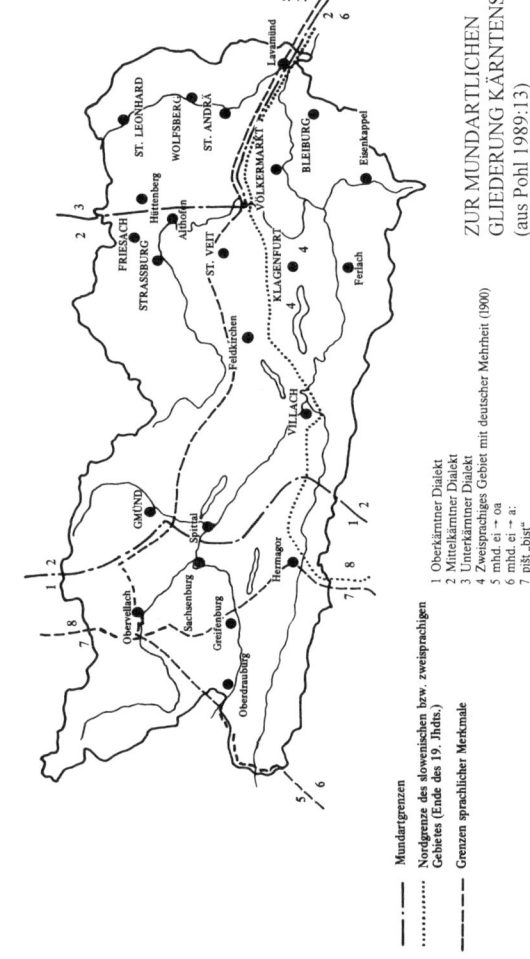

ZUR MUNDARTLICHEN
GLIEDERUNG KÄRNTENS
(aus Pohl 1989:13)

— · — · — Mundartgrenzen

· · · · · · · · Nordgrenze des slowenischen bzw. zweisprachigen
Gebietes (Ende des 19. Jhdts.)

———— Grenzen sprachlicher Merkmale

1 Oberkärntner Dialekt
2 Mittelkärntner Dialekt
3 Unterkärntner Dialekt
4 Zweisprachiges Gebiet mit deutscher Mehrheit (1900)
5 mhd. ei → oa
6 mhd. ei → a:
7 pist „bist"
8 pist „bist"

Einleitung

1. Die österreichischen Mundarten

Vorbemerkung: Hier können im Überblick nur einige bekanntere Merkmale stark vereinfacht dargestellt werden. Genauere Angaben bieten u.a. M. Hornung - F. Roitinger, Unsere Mundarten (Wien 1950, überarbeitete Neuauflage vor einigen Jahren erschienen, bearbeitet von G. Zeillinger, Wien, öbv&hpt 2000) und (fürs gesamtdeutsche Sprachgebiet) W. König, dtv-Atlas zur deutschen Sprache (dtv 3025).

Auf dem gesamten österreichischen Bundesgebiet werden *oberdeutsche* Mundarten gesprochen. Einem sehr großen *bairischen* Gebiet steht ein recht kleines *alemannisches* Gebiet gegenüber: Vorarlberg und Teile von Tirol (Lechtal).

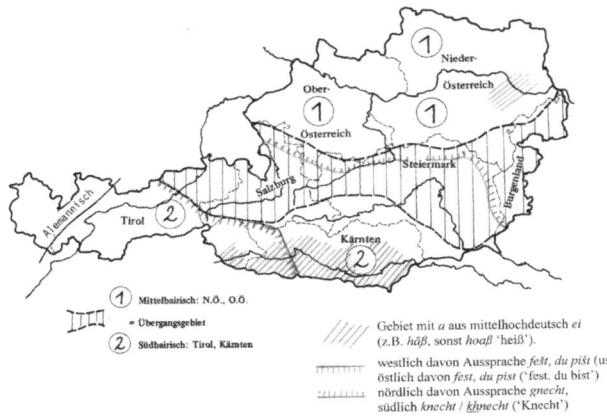

① Mittelbairisch: N.Ö., O.Ö.

〰〰〰 = Übergangsgebiet

② Südbairisch: Tirol, Kärnten

//// Gebiet mit *a* aus mittelhochdeutsch *ei*
(z.B. *hâß*, sonst *hoaß* 'heiß').

⊤⊤⊤⊤⊤ westlich davon Aussprache *fest, du pist* (us
östlich davon *fest, du pist* ('fest, du bist')

⊥⊥⊥⊥⊥ nördlich davon Aussprache *gnecht,*
südlich *knecht / khnecht* ('Knecht')

KARTE 2
ZUR MUNDARTLICHEN GLIEDERUNG ÖSTERREICHS
(nach Hornung-Roitinger mit Ergänzungen des Verfassers)

1.1. Bairisch (*genauer*: Bairisch-Österreichisch)

Der *bairische* Anteil gliedert sich in drei von West nach Ost verlaufende Streifen, *Mittelbairisch* (Nieder- und Oberösterreich samt der Bundeshauptstadt Wien) und *Südbairisch* (Tirol und Kärnten samt Salzburger Lungau und Teilen der Steiermark) und ein dazwischen liegendes Übergangsgebiet (nordöstliches Tirol, Salzburg, Steiermark und Burgenland); siehe dazu die Karte.

Gemeinbairische Erscheinungen in Österreich sind z.B. die Verdumpfung von *a > å* (z.B. *Dåg* bzw. *Tåg* 'Tag'), das Bewahren der mittelhochdeutschen Diphthonge *ie uo üe* (mittelhochdeutsch *liep, bruoder, brüeder* > bair. *liab, Pruadə, Priadə* 'lieb, Bruder, Brüder'; statt *ua* haben wir teilweise auch *ui*, so genannte „*ui*-Mundarten", nördliches Niederösterreich und ganzes Burgenland, bis in die Oststeiermark reichend, z.B. *Pluid* 'Blut' < mittelhochdeutsch *bluot*), die Entwicklung von sekundärem *ä > a*, z.B. *Glasl* 'Gläschen' oder *i wār* 'ich wäre', ferner *ū > ai* (z.B. *Haisə* 'Häuser', *Mais* 'Mäuse').

Allgemein verbreitet sind auch die sogenannten *bairischen Kennwörter* (s.u. **3**), z.B. *Er(ge)tag* 'Dienstag', *Pfinz-/Pfingstag* 'Donnerstag', *Fasching, Kirchtag, Maut, ēß* (südbairisch *dēß*) 'ihr', *enk* 'euch', *aper* 'schneefrei', *Bussel* usw. 'Kuss', *Kuchel* 'Küche' u.v.a. mehr, z.T. nur mehr in alter bäuerlichen Mundart.

Merkmale des Mittelbairischen sind u.a.:

(1) Abschwächung von *p t k* („Starklaute") zu (den stimmlosen „Schwachlauten") *b d g* (vor *l n r*) bzw. *gh* (vor Selbstlauten), also *Pech, Tag (Dach), Knecht, Kuh* klingt etwa wie *Bech, Dåg* (wie *Dåch*), *Gnecht, Ghua*; inlautend werden die alten Doppellaute geschwächt (z.B. *Supm* 'Suppe', *Hitn* 'Hütte'), die Schwachlaute zu Reibelauten (z.B. *Wēwə* 'Weber') oder schwinden überhaupt (z.B. *Pua* 'Bub', *rē'n* 'reden', *Nâ'l* 'Nadel' mit silbischem *n* und *l*);

(2) weit verbreitet ist die *l*- und *r*-Vokalisierung, z.B. *håıs* 'Hals' oder *i wū̃* 'ich will' bzw. *Fådə / Muadə* 'Vater / Mutter';

(3) langes mittelhochdeutsches *e* und *o* bleiben meist erhalten (*Glē* 'Klee', *Brōd* 'Brot', teilweise diphthongiert *Broud*, gegenüber südbairisch <u>*Khlea*</u> 'Klee' und *roat* 'rot');

(4) die Vorsilbe *ge-* wird zu *g-* verkürzt (z.B. *gsunga* 'gesungen') und schwindet vor Verschlusslauten überhaupt (z.B. *trunga* 'getrunken').

Das Südbairische ist beharrlicher:

(1) Stark und Schwachlaute werden unterschieden (ausgenommen einheitliches *p-* im Anlaut), also z.B. *dåch* neben *tåg* (s.o. 1); altes *k* ist lautverschoben zu *kh* [kᶜʰ], z.B. <u>*Khlea*</u> 'Klee';

(2) in der älteren Mundart fehlt die *r-* und *l*-Vokalisierung (es heißt *Håls* und *i wil* bzw. *wül*, s.o. 2), sie ist aber im Begriffe vorzudringen (v.a. in den Stadtmundarten);

(3) s.o. 3;

(4) die Vorsilbe *ge-* bleibt immer erhalten (*gsungan*, *gətrun<u>kh</u>n*, s.o. 4);

(5) auch auslautende Silben werden bewahrt, z.B. Kärnten *Sūne* 'Sonne', *Hirwišt / Hirwəst* 'Herbst', u.a. in Kals (Osttirol) *pai Tåge* 'bei Tag'.

Einige Erscheinungen sind anders verteilt, so ergibt sich eine West-/Ostschichtung nach der Aussprache des *st* im Wortin- und -auslaut, im Westen sagt man *Herbešt* 'Herbst' oder *du pisch / pišt* 'du bist' usw., im Osten nur *-s-* (siehe Karte; Wörter wie *Duašt* 'Durst' sind eine scheinbare Ausnahme, das *-rs-* meist wie *-rsch-* lautet, z.B. *Ferschn* 'Ferse'). Ähnlich verhält es sich mit der Verallgemeinerung des *-n* in der Einzahl der schwachen weiblichen Hauptwörter, im Osten heißt es etwa *Ålm / Åım* (< *alben*) 'Alpe, Bergweide' oder *Wīsn* 'Wiese', im Westen *Ålwe* und *Wīse*. Beide Erscheinungen nehmen ein relativ kleines Gebiet ein, finden aber im Alemannischen ihre Fortsetzung, wo dann weiter westlich auch das *-e* schwindet (*Alp*, *Wīs*).

Wiederum anders verteilt ist die Entwicklung von mittelhochdeutsch *ei* (siehe Karte); gemeinbairisch ist *oa* (z.B. *i woaß* 'ich weiß'), Wien und (der größere Teil von) Kärnten haben langes *a* (also *i wāß*); letzteres kommt auch in anderen Gegenden vor (z.B. im Pustertal) und breitet sich in letzter Zeit immer mehr aus. Die Herkunft dieses (langen) *a* ist nicht ganz klar, wahrscheinlich ist es durch Adelsgeschlechter und deren Gefolge hieher verpflanzt worden (durch die Habsburger nach Wien, die Sponheimer nach Kärnten).

Unterschiede gibt es auch im Wortschatz, der Osten und Süden hat u.a. slawische Lehnworte, z.B. *Jause, Potitze, Golatsche / Kolatsche, Preiselbeere* usw., nach romanischen Vorbildern sagt man in Tirol *Marende* statt *Jause*, in Tirol und Kärnten *Grante* statt *Preiselbeere* usw. Aber auch im deutschen Wortschatz gibt es Unterschiede, z.B. *Nachtmahl* im Osten und Süden gegenüber *Nacht-* oder *Abendessen* im Westen oder, anders verteilt, für Mädchen im Nordosten und im äußersten Westen *Madl*, dazwischen *Dirndl* (*Diandle* usw.), im Südwesten (v.a. Süd- und Osttirol bis in Kärntner Gailtal) *Gitsche*.

1.2. Alemannisch

Obwohl das Bundesland Vorarlberg recht klein ist, weist es doch eine Fülle von verschiedenen Ortsmundarten auf. Auffallend ist vor allem das Unterbleiben der Diphthongierung von mittelhochdeutschem *ī* und *ū*, es heißt hier *mīn* 'mein', *Hūs* 'Haus', ebenso bleiben altes *a* und *ä* (letzteres sehr offen ausgesprochen) erhalten, also *Garte* 'Garten', *Gärtli* 'Gärtlein' (in Tirol *Gårtn* bzw. *Gartl*). *n* schwindet meist im Auslaut (s.o.), aber auch vor Reibelauten im Inlaut (z.B. *wǖsche* 'wünschen', *sāft* 'sanft'). Dazu kommt ein oft recht eigenartiger, meist mit der Schweiz übereinstimmender Wortschatz, z.B. *Ziestag* [zištig] 'Dienstag', *die Fluh* 'Felsen', z.T. *luege* statt *schauen* sowie *gsī* für 'gewesen' (< *ge-sīn*).

2. Die Kärntner Mundarten

Alle Kärntner Mundarten sind Teil des bairischen Großdialekts, der auch „Bairisch-Österreichisch" genannt wird. Man gliedert die (südbairischen) Kärntner Mundarten in *Ober-*, *Mittel-* und *Unterkärntnerisch*. Keine typisch kärntnerische Mundart wird im Lesachtal gesprochen – dieses teilt mundartkundlich sehr viel mit Tirol; ferner haben sich im Katschtal und im obersten Mölltal salzburgische und um den Obdacher Sattel auch auf Kärntner Gebiet steirische Merkmale durchsetzen können. Die Grenze zwischen der Ober- und Mittelkärntner Mundart verläuft etwa von Nötsch im Gailtal nach Nordwesten über Stockenboi, geht westlich an Spittal an der Drau vorbei und dann nordwestlich über das Reißeck und die Hochalmspitze bis zur Landesgrenze. Zu *Oberkärnten* im mundartkundlichen Sinn gehören also das Gail-, Möll- und obere Drautal mit dem Lurnfeld.

Mittelkärntnerisch wird im Liesertal, im unteren Drautal sowie im Villacher und Klagenfurter Becken, in der „Gegend", im Metnitz-, Gurk- und Glantal sowie auf dem Zoll- und Krappfeld gesprochen; dem gleichen Mundarttyp gehört auch das heutige gemischtsprachige (vormals mehrheitlich slowenische) Gebiet Unterkärntens an (seit Anfang des 20. Jahrhunderts nicht ganz zutreffend auch „Südkärnten" genannt). In mundartlicher Hinsicht ist „Unterkärnten" das Görtschitz- und Lavanttal. Keiner dieser drei genannten Mundarträume ist in sich einheitlich, sondern in weitere kleinere Einheiten untergliedert.

Außer einer räumlichen ist auch eine soziologische Unterteilung der Kärntner Mundart feststellbar: es gibt die allgemeine landesübliche Verkehrssprache und die zwischen ihr und der eigentlichen bäuerlichen Mundart stehende „Stadtsprache".

Oberkärntnerisch gliedert sich in die Mundarten des oberen, mittleren und unteren Mölltales, des oberen Drautales, des Gailtales, des Gitschtales und des Gebietes um den Weißensee. Geographisch gesehen gehört auch das Lesachtal dazu. In lautlicher Hinsicht ist v.a. die Aussprache von *st* im Inlaut als *št* in der westlichen Hälfte sowie ein heller Vokal in auslautenden Silben in Wörtern wie *Sūne* 'Sonne', *Mīlech* 'Milch' oder *Hirbišt* 'Herbst' zu erwähnen. Ferner ist charakteristisch die Aussprache des *r*, einst fast im ganzen Bezirk Spittal im Anlaut mit *h*-Einsatz (z.B. *Ross* [hrouς] oder Bergname *Hruckenkopf*, schriftsprachlich „Rücken" enthaltend)[1]. Stark gerollt wird es u.a. im Gailtal; das Gitschtal hat ein (dem englischen *r* ähnliches) kakuminales *r*. In weiten Gebieten wird *o* vor *r* wie *å* gesprochen (z.B. *Dårf* 'Dorf'). Typisch die Hebung von *ea* und *oa* vor Nasalen zu *iə* und *uə* (*giən* 'gehen' gegenüber *gean* in Mittelkärnten, *Luən* 'Lohn' gegenüber *Loan* in Mittelkärnten). Örtlich (v.a. im Mölltal) palatale Aussprache der Vokale (z.B. *Röükh* 'Rock', *Hä üs* 'Haus' usw.).

Mittelkärntnerisch umfasst den Kärntner Zentralraum und nimmt das größte Gebiet ein. Man kann es in vier Gruppen unterteilen, und zwar in ***Westmittelkärntnerisch*** (westlich von Sirnitz, Himmelberg und Treffen, mit Spittal an der Drau und dem Liesertal), Übergangszone zum Oberkärntnerischen hin; ***Nordmittelkärntnerisch*** (Gurk- und Metnitztal sowie Krappfeld und Wimitz) mit dem Hauptmerkmal *oa* (aus mittelhochdeutsch *ei*) sowie stark gerolltem Zungen-*r*; ***Zentralmittelkärntnerisch*** (im Bereich des Städtevierecks Klagenfurt – St. Veit an der Glan – Feldkirchen – Villach) mit dem Hauptmerkmal *ā* (aus mittelhochdeutsch *ei*); ***Südmittelkärntnerisch*** im unteren Gailtal, Rosen- und Jauntal einschließlich der deutschsprechenden Kanaltaler). Letzterem fehlt der sonst zu beobachtende Unterschied zwischen städtischer und bäuerlicher Sprachform; man kann es daher als einen Ableger der städtischen Variante vom *Zentralmittel-*

---

[1] einst muss diese Aussprache in fast ganz Kärnten verbreitet gewesen sein, denn die sekundär entstandene Lautfolge gr- (aus ge-r...) wird allgemein zu khr-, z.B. khret 'geredet' oder im Ortsnamen Kreut usw. 'Gereute'.

kärntnerischen betrachten – mit einem höheren Anteil slowenischer Einflüsse als im Kärntner Durchschnitt.

Durch das Wirken des Kärntners Mundartdichters Gerhard GLA-WISCHNIG und seine Bedeutung (zusammen mit Justinus MULLE) bei der Entstehung des „Neuen Kärntner Liedes" ist der von ihm in seinen Werken und Liedtexten verwendete *Glantaler Dialekt* zu einer Art „Kärntner Koiné" geworden und genießt das bei weitem höchste Ansehen. Viele Liedtexte aus anderen Gegenden Kärntens sind an diese Sprachform angeglichen worden.

Unterkärntnerisch umfasst das Görtschitz- und Lavanttal; während das Görtschitztal dem Nordmittelkärntnerischen recht nahe steht, erinnert die Mundart des Lavanttales in vielem an weststeirische Mundarten. In der älteren Mundart wird die Lautgruppe *rn* zu *dn*, z.B. *Städn* 'Stern', *Khådn* 'Korn' oder *Vokal + r* zu silbischem *r*, z.B. *Khrchn* 'Kirche', *Wrbm* 'Wurm'; da in anderen Gegenden Kärntens (v.a. im Zentralraum) vor *r* ein *ə* gesprochen wird (*Khiərchn*, *Wuərm*), ergeben sich hier deutlich hörbare Unterschiede.

Ganz Kärnten gehört – zusammen mit dem größten Teil von Tirol, dem Salzburger Lungau und den angrenzenden steirischen Gebieten (v.a. die Bezirke Murau, Judenburg, Voitsberg und Deutschlandsberg) dem ***südbairischen*** Dialektareal an. Dieses Gebiet gehört zu den altertümlichen bairischen Mundarten, deren Altertümlichkeit nur durch die vorgelagerten Sprachinselmundarten (z.B. Pladen/Sappada, Friaul, Zarz/Sorica, Slowenien [erloschen], Gottschee[2] usw.) übertroffen wird. Dementsprechend finden wir sehr viele **südbairische Merkmale in den Kärntner Mundarten**: was Kärnten mit Tirol verbindet, aber deutlich von den mittelbairischen Mundarten abhebt, ist das Bewahren der Vorsilbe *ge-* im Mittelwort

---

2 die Gottscheer (deren Gebiet Hitler Italien zugesprochen hatte) wurden 1941 ausgesiedelt und in anderen Gebieten (v.a. der Südsteiermark) wieder angesiedelt; nach Kriegsende konnten sie nicht mehr zurückkehren, sondern mussten fliehen.

der Vergangenheit (PPP) vor allen Verschlusslauten: es heißt *er håt gepētet / getrībm / gekhocht* (gegenüber mittelbair. *er håt pēt / trībm / kocht*). Die Aussprache des *e* in *ge-* ist schwankend, z.T. gehoben, also etwa [gi-] gesprochen, z.T. ist die Aussprache offener, etwa [gä-], oder leicht reduziert, etwa [gə-]. Mitunter fehlt das Präfix auch im Südbairischen, z.B. in 'kommen' und 'gehen' (z.B. *er is zwēgn khēm* 'er ist des Weges gekommen', *er is gångan* 'er ist gegangen') doch dies ist keine Ausnahme, sondern ein Archaismus. Weiters bleibt der Selbstlaut im Artikel *die* immer erhalten, es heißt im Südbairischen immer *de* oder *di Khia* 'die Kühe', *de* oder *di Muater* 'die Mutter', nie (wie in anderen bairischen Gebieten) *d' Kia* bzw. *d' Muater.* Auch das „affrizierte"[3] *k*, von mir geschrieben *kh*, genauer [k^ch], gehört hieher; im Südbairischen wurde jedes alte *k* affriziert, im Gegensatz zum Mittel- und Nordbairischen sowie zur deutschen Hochsprache. Wir haben also Aussprachen wie *khēm(an)* 'gekommen', *Khua* 'Kuh', *khōchn* 'kochen' usw. Ein weiters südbairisches Merkmal ist die Verkleinerungsform *-le*, in der Flexion *-len* (in Oberkärnten) bzw. *-lan* (in Unterkärnten), z.B. *Diandle* bzw. *Deandle* 'Mädchen', *Fēgele* bzw. *Fōgəle* 'Vöglein' (pl. *-len* bzw. *-lan*).

Ein konservativer Zug des Südbairischen ist auch das Unterbleiben der Nasalierung und der *r*- und *l*-Vokalisierung. Ein mittelbairisches *schē* 'schön', *i wui* oder *wū* 'ich will' und *Wiat* 'Wirt' lautet im Südbairischen *schean, i wil* und *Wirt.* Allerdings muss festgestellt werden, dass die *r*- und *l*-Vokalisierung nach Wiener Vorbild immer mehr um sich greift; auch die Rundung von *e* und *i* vor *l* ist zumindest in den Städten heute recht allgemein (z.B. *Göld* 'Geld', *štül* 'still', nicht aber [gœd] und [štǖ]). Mittelbairische Formen wie *kafa* 'kaufen' oder *kema* 'kommen' sind aber im Süden bis heute nicht üblich, es heißt nur *khāfn* und *khēm(an).* Manches spricht dafür, dass nasalierte Formen früher in weiten Teilen Kärntens

---

3 eine Affrikate ist ein Verschlusslaut + entsprechendem Reibelaut (wie pf und z [ts]).

üblich waren, wie bestimmte Restformen zeigen, wie z.B. *Ādlə* 'Großmutter' aus *Ahnlein* (woraus *Andl* im Mittelbairischen). Aus dem Gebiet des Millstätter Sees sind auch Relikte wie *Hādl* 'Hähnlein' und <u>*khoas*</u> 'keines' bekannt.

Weitere Besonderheiten: In der Formenlehre haben wir südbairisch *dēs* 'ihr' (statt mittelbairisch *ēß*) sowie die Endung der 2. Person Mehrzahl des Zeitwortes auf *-ts* (wie auch in den anderen bairischen Mundarten), z.B. *dēs* <u>*khemts*</u> / <u>*khemps*</u> 'ihr kommt', entstanden aus der Verbindung der Endung *-(e)t* mit dem nachgestellten Pronomen *ess* (aus mittelhochdeutsch *ëʒ*). In manchen bairischen Mundarten wiederholt sich dies bei der 1. Person Mehrzahl, in Österreich nur in Kärnten (der größere Teil von Oberkärnten, v.a. Lesach- und oberes/mittleres Mölltal ist ausgenommen): *mir ēsmə* 'wir essen' (aus {essen + wir}), allerdings in Unterkärnten (und nur dort) auch im Nebensatz und Fragesatz möglich, z.B. *iazən weamə ēsn wås mə ge*<u>*khaft*</u> *hâmə* 'jetzt werden wir essen was wir gekauft haben', *ēsmə mir ane Fīsch?* 'essen wir Fische?'. *en*<u>*kh*</u> (mittelhochdeutsch *ënk*) für 'euch' ist in den bäuerlichen Mundarten noch verbreitet, doch sein Gebrauch ist heute stark rückläufig.

Auffallend sind ferner hybride Bildungen wie *schrainan* 'schreien' (neben *schrain*), *Flâschnan* 'Flaschen' und *Puəman* 'Buben, Knaben' (neben *Flâschn* und *Puəm*) und *geghērt* 'gehört' (PPP, ziemlich allgemein), also mit Verdoppelung der Endung ({schreien + en}, {Flaschen + en} und {ge + gehört}).

Wie auch in den anderen bairischen Mundarten spielt der unbestimmte Artikel *ein* auch die Rolle des Teilungsartikels, also *i hâb an Hunger und an Duršt* 'ich habe Hunger und Durst', *i trink*<u>*h*</u> *gern a Pīr* 'ich trinke gerne Bier'. Doch auch in der Mehrzahl ist der Gebrauch des unbestimmten Artikels allgemein, z.B. *hōl ane Epfl aus də Špais* 'hole Äpfel aus der Speis (Vorratskammer)', *dås saint do ane peasn Waiber!* 'das sind doch böse (zänkische) Weiber!'.

Ziemlich allgemein ist im Bairischen der „Einheitsplural", d.h., es gibt beim Hauptwort nur mehr eine einzige Kasusform, z.B. *di* oder *de Khinder* 'die/den Kinder(n)'; im 3. Fall Mehrzahl (auch im 3. Fall Einzahl bei den weiblichen Hauptwörtern) gibt es einen präpositionalen Dativ, z.B. *gib dås in di Khinder* bzw. *in də Muater* 'gib das den Kindern bzw. der Mutter' (in der Mehrzahl auch *gib dås de Khinder*, in der Einzahl [heute meist] *gib dås də Muater*). Ob dieser präpositionale 3. Fall auch bei den männlichen und sächlichen Hauptwörtern anzunehmen ist, bleibt aus Sicht der heutigen Sprache unklar, da sowohl der Artikel 'dem/den' als auch 'in dem/in den' zu mundartlich *in* (oder *ən*) geworden ist, z.B. *in Mân* 'dem/den Mann' und *in Pärg* 'im/in den Wald'.

Die Vorsilben *er-* und *zusammen-* heißen auch in Kärnten *der-* (meist [də-]) und *zåm-* und haben ein breiterer Anwendungsbereich als in der Schriftsprache, z.B. *derpåkhn* 'zu etwas fähig sein, vollbringen' (wörtlich: *erpacken*) oder *zåmpåkhn* 'zusammenpacken' (auch übertragen). – Einige bemerkenswerte Mittelwörter der Vergangenheit: *geprent* 'gebrannt (transitiv)', *geprūnan* 'gebrannt (intransitiv)', *gschnībm* 'geschneit', *gwaicht* oder *gwīchn* 'geweiht', *(zåm)khrōchn* '(zusammen)gerecht (mit dem Rechen)'.

Ein besonderes Merkmal ist die sogenannte ***Kärntner Dehnung***, die den Klang (das „phonologische System") der Kärntner Mundarten nachhaltig geprägt hat. Sie ist aus einer Umwandlung der mittelhochdeutschen Gruppen *kurzer Selbstlaut + verdoppelter Reibelaut* in *langer Vokal + einfacher Reibelaut* hervorgegangen; später folgten auch die Gruppen mit *t*. Beispiele: mittelhochdeutsch *hoffen, macchen, gewisse, waʒʒer, fischen* zu kärntnerisch *hōfn* 'hoffen', *mâchn* 'machen', *gwīs* 'gewiss', *Wâser* 'Wasser', *fischn* 'fischen'. Eine Folge dieser Entwicklung besteht darin, dass Wörter wie *offen* und *Ofen, Wiese* und *wissen* gleich lauten, nämlich [ōfn] und [wīsn]. Später folgte auch *t*, daher heißt 'Mitte' heute [mītn]. Vor Mitlautgruppen tritt die Kärntner Dehnung nicht ein, es heißt zwar *ēsn* 'essen', aber *dēs ests* 'ihr esst', daher das Schwanken von Lang- und Kurzvokal in offenen und (primär) geschlossenen Silben, z.B. 'ich gebe/esse' *i gīb / īs*, aber 'er gibt/isst' *er gip* (aus *gipt*) / *ist*. Lautgeschichtlich ist die 'Kärntner Dehnung' eine Ersatzdehnung unter den Bedingungen des slowenisch-deutschen Sprachkontaktes.

Weiteres aus der Lautlehre: Im Wortauslaut werden die Gruppen *Verschlusslaut + -t* vereinfacht, z.B. *er såk* aus *er sagt*, *ghåp* aus *gehabt*, nach Dental schwankt der Gebrauch, es heißt u.a. nur *er ret* aus *er redet*, <u>kh</u>*ret* aus *geredet*, aber *er tritet* 'er tritt', selten *trit* (dazu 2. Person *tritest*, aber *retst*). Ähnlich wird auch *-ts* zu *-s* vereinfacht (z.B. *dēs geps*, s.o.). Auch die aus mittelhochdeutsch *-ent* entstandene Endung *-nt* (3. Person Mehrzahl) wird assimiliert, so heißt es meist *si gēbmp / sågnk* 'sie geben/sagen'. Eigenartige und vielfältige Formen hat 'sie tun' entwickelt: *se tuamp*, schwachtonig *tåmp*; diese Formen sind von 'haben' beeinflusst (*se håmp* aus alt *habent*). Daneben kommen auch die älteren Formen wie *teamp, toamp, tuant, tiant* vor, z.T. (v.a. heute stadtmundartlich) unter Wegfall von *-t*.

Zum Wortschatz: Im Bereich des Wortschatzes sind die beiden Wörtchen *a* (Fragepartikel, z.B. *a* <u>kh</u>*impst hai(n)t zu uns?* 'kommst du heute zu uns?') und *lai* 'nur' zu erwähnen, letzteres ergibt zusammen mit *lâsn* die typisch kärntnerische Redewendung *lai lâsn* 'nur lassen' (im Sinne von 'sich nur nicht anstrengen' bzw. 'nur nicht aufregen'), worin zwei Kärntner Eigentümlichkeiten vereint sind: das (v.a. auch in Ost- und Südtirol sehr beliebte) *lai* und die (bis ins steirische Murtal reichende) „Kärntner Dehnung".

Einige weitere Wörter sind u.a. → *Strankale*, → *zwīln* (aus dem Slowenischen), → *tschentschn*, → *Grantn* (beide aus dem Romanischen), → *Raindling* 'Art Gugelhupf' (in der → *Rain(e, a)* ohne Loch in der Mitte aus eingerolltem Teig, mit Zimt und Rosinen gefüllt [auch andere Füllungen sind üblich: Mohn, Nuss, Apfel]), → *Fīschl*, → *Schwårzper*, → *Roaper*, → *Fiksling* usw.

3. Bairische Kennwörter im Kärntnerischen

3.1. So genannte ostgermanische Lehnwörter

Ergetag 'Dienstag': *Irtåg, -ti(g)* usw.

Pfinztag 'Donnerstag': meist *Pfingståg* usw., im Lesachtal jedoch [pfintsti] (verwandt mit stdt. *Pfingsten*)

Fasching 'Karneval, Fastnacht': *Fåsching*

Kirchtag 'Kirchweihfest': <u>*Khirch*</u>*tåg* (nicht *kirtåg* wie im Mittelbairischen)

tengg 'links': *tenk* (veraltet, aber noch in der Ableitung *tenkisch* 'linkisch, ungeschickt' durchaus geläufig)

Maut 'Zoll': *Maut* (wie im Stdt. gebraucht, auch bei Volksfesten oder Hochzeiten als mehr oder weniger freiwillige Spende)

Arl 'Pflug (alten Typs)': *di Årl* (Erinnerungsform)

Wagense 'Pflugschar': *der Wångsn / Wånsn* (Erinnerungsform)

Feuerhaus 'Wohnhaus mit Feuerung': *Faierhaus*.

3.2. So genannte Reliktwörter

eß / enk 'ihr/euch': (meist nur in bäuerlicher Mundart) *dēs* und (rezessiv) *en<u>kh</u>*

Zand 'Zahn': *Zånt* (Plural *Zent*)

Har 'Flachs': *Hår*

Pfait 'Hemd': *Pfāt* bzw. *Pfoat* (alt)

Göti / Gote 'Pate/Patin': *Gēte* (alt) für den Paten, für die Patin meist *Gōtl*

aper 'schneefrei': *apər* (heute ziemlich allgemein, mitunter sogar stdt.)

Lie 'Rauchluke (in der Rauchkuchl)': *Lia* bzw. *Liə* (alt).

3.3. Bairische Neuerungen

kĕmen 'kommen' (*er kimmt*): <u>*kh*</u>*ēmen*, *er* <u>*kh*</u>*imp* (nur in bäuerlicher Mundart, die Städte haben <u>*kh*</u>*ūman*, *er* <u>*kh*</u>*umt*)

Fürtuch 'Schürze': *Firtach*
Kuchel 'Küche': <u>*Khŭchl*</u>
Rauchfang 'Kamin': *Rau(ch)få<u>nkh</u>*
Ächse 'Achse': *Aks*
Ainetze 'Gabeldeichsel': *Ānətsn / Ānitsn* (bis ins Alemannische reichend, slawisches Lehnwort, vgl. tschechisch *ojnice*)
Brein 'Hirsekörner': *Prain* (auch in der Zusammensetzung *Hirschprain* 'Hirsekörner' und *Gerschprain* 'Gerstenkörner')
Pipe 'Fasshahn': *Pipm* (auch als Schimpfwort, z.B. *Rozpipm* 'Rotzbube')
Nudelwalger 'Teigwalze': *Nŭdlwålger*.

3.4. Sonstige

Sage 'Säge': *Såg*
Tahe(l) 'Dohle': *Tåchn*
Zegger '(stroh- oder weidegeflochtene) Einkaufstasche': *Zeker*
Kranewit 'Wacholder': <u>*Khrå*</u>*nəwet /* <u>*Khrå*</u>*newit*
Bёrcht 'weibliche Brauchtumsgestalt um die Weihnachtszeit': *Percht*
busseln 'küssen': *pŭs(l)n*, v.a. in der Zusammensetzung *åp-pusln* 'abbusseln'
Busslein 'Kuss': *Pŭsl* (Plural *Pŭslan, -len*, kindersprachlich *Pusi*)
Lacke 'Pfütze, Lache': *Låkn*.

4. Slowenisches im Kärntnerischen

Die Koexistenz zweier Sprachen in Kärnten, der bäuerlichen südbairischen Mundart und städtisch-österreichischen Verkehrssprache einerseits und der slowenischen Mundarten andererseits haben zu einer starken gegenseitigen Beeinflussung geführt. Mitte des 19. Jhdts. sprach fast ein Drittel der Kärntner Bevölkerung slowenisch, Mitte des 20. Jhdts. waren es nur mehr ca. 10%; heute sprechen nach den Volkszählungsergebnissen noch rund 3% slowenisch und einige weitere Prozent beherrschen die Sprache. Im gemischtsprachigen

Gebiet Kärntens sind viele Kinder zum zweisprachigen Schulunterricht angemeldet; eine rein slowenische Gemeinde ist Zell, größere Anteile von Slowenen haben u.a. Globasnitz, Ludmannsdorf, Feistritz ob Bleiburg und Eisenkappel-Vellach sowie einige andere Gemeinden im Jaun-, Rosen- und Gailtal.

4.1. Einige slowenische Lehnwörter

Hudítsch 'Teufel' (< slowenisch *hudič*), als Fluch

Jau̲kh 'Föhn' (< slowenisch *jug* 'Süden')

Jausn 'Jause', (im Lesachtal) 'Mittagessen' (< slowenisch *južina* 'Mittagessen'; das slowenische *mala južina* 'Zwischenmahlzeit' ergab in der Mundart [máwžna] und wurde so zu einer slowenischen Parallele zum 'Austriazismus' *Jause*)

Kaischn 'Keusche' (< slowenisch *hiša*, germanisches Lehnwort)

Koper 'Dille' (< slowenisch *koper*)

Kopriz 'ein Almkraut (Futterpflanze)' (Mölltal, Lesachtal, auch Osttirol, < slowenisch *koperc* 'Fenchel')

Maischl 'Netzlaibchen' (rückentlehnt aus slowenisch *majželj* < bair. *Maiselein 'kleine Schnitte'; eine ähnliche Speise heißt im Lavanttal und Nordkärnten *lēbəlan* [Plural])

moidúsch 'meiner Seel'' (< slowenisch *(pri) moji duši*)

Munkn 'einfache bäuerliche Speise aus geschrotetem Getreide' (< altslowenisch **mo(n)ka* 'Mehl', heute slowenisch *moka*)

Paier 'Quecke' (ein Ackerunkraut, < slowenisch *pirje*)

Patsche / Påtsche 'Eber' (< slowenisch *pačej* aus dem Deutschen, zu *Bock*)

Plēschn (alt) 'großer Acker' (< slowenisch *pleša* 'kahle Stelle')

Polsn 'Heuschlitten' (< slowenisch *polza* 'Tragbaum, Pflugschleipfe')

Potíze 'Potitze, Rollkucken' (< slowenisch *potica*)

Puaklat (alt) 'vorderer Teil des Heufuders' (Mölltal, < slowenisch mundartlich *pod* 'unter' + *klet* 'Haufen')

Sāsaka 'Verhacktes, ausgelassener geräucherter Speck' (< slowenisch *zaseka*)

Schwachta / Schwåchta 'Sippschaft (abwertend)' (< slowenisch mundartlich *žłahta* 'Geschlecht' aus dem Deutschen)

Strankele 'Fisole, grüne Bohne' (< altslowenisch *stro(n)k-* 'Schote, Hülse', heute slowenisch *strok*)

Wābm 'altes Weib' (< slowenisch *baba* 'alte Frau')

zwīln 'klagen, jammern' (< slowenisch *cviliti*).

Bemerkenswert sind die semantischen Gleichungen nach romanischen Vorbildern wie *Unterdách* 'Dachboden' (wörtlich 'Unterdach' wie slowenisch *podstrešje* und furlanisch *sotèt* < romanisch *subtum tectum*) oder *Auswart* 'Frühling' (wörtlich 'auswärts', vgl. slowenisch *vigred* [wörtlich 'Ausgang'] und furlanisch *insude* < romanisch **in-exitus*).

4.2. Slowenischer Einfluss im Satzbau

Ein eindeutig slowenischer Einfluss ist die Ellipse (der Wegfall) des Pronomens *es* bei unpersönlichen Verben, z.B. *hait rēgnet* 'heute regnet es', *gestern wâr åber khålt* 'gestern war es aber kalt'. Diese Konstruktion ist v.a. in Unterkärnten verbreitet, aber auch Klagenfurt und Villach nicht fremd. Ob die präpositionslose Richtungskodierung slowenischer Herkunft ist oder bloß ein Sprachkontaktphänomen, kann nicht entschieden werden (Beispiel: *i fâr Khlâgnfurt* 'ich fahre nach Klagenfurt'; in echter bäuerlicher Mundart würde hier *auf* [→ *af*] stehen). Im gemischtsprachigen Gebiet ist nach slowenischem Vorbild *aber* (slowenisch *pa*) recht häufig, wo man es in anderen Gegenden und in der Umgangssprache nicht hört, z.B. *frai i mi âber dås i di sīg* 'ich freue mich, dass ich dich sehe'. Dazu kommt noch eine eigenartige Satzintonation, die jeden Unterkärntner „verrät". – Unsicher ist slowenischer Ursprung für Konstruktionen wie *i pin gschlâfn* 'ich habe geschlafen' (mit *bin* statt *habe* wie im Slowenischen bei allen Verba; da aber *schlafen* ursprünglich 'schlaff liegen' bedeutet hat, kann das Hilfszeitwort *sein* hier auch alt sein wie bei *liegen, stehen* usw.).

5.   Drei kommentierte Textproben

5.1.   Aus einem Kärntner Lied

> Pin a lustigər Pua,
> pin a <u>Kh</u>arnər lai lai,
> wō a scheans Diəndle is,
> is dər <u>Kh</u>arnər dabai.[4]

Übersetzung: Bin ein lustiger Bub, bin ein Kärntner eben, wo ein schönes Mädchen ist, ist der Kärntner dabei.

Anmerkungen: *Pua* 'Bub' süddeutsch für 'Junge'; *Kharner* (Karner) alt für 'Kärntner'; *lai* (lei) typisch kärntnerisch für 'nur' (< mittelhochdeutsch *līh*, mit *gleich* < mittelhochdeutsch *gelīh* verwandt); *Diəndle* (Dirndlein) 'Mädchen', Diminutiv zu *Dirn(e)*, ursprünglich 'Jungfrau, Mädchen'.

5.2.   *Die Karntna Språch*

> Is nit leicht ban uns in Landle;
> mit die Leit ist mehr hirt,
> aa die Språch håt an eigns Gwandle,
> in aniadn Tal werd åndas dischkriert.
> In Lurnfeld obm håmt se aufs „Å" tamisch schårf
> „Guatn Mårgn, wer is gstårbm pan enk heint in Dårf?"
> Von Gitsch- und von Gaital, von Lesachtal drein,
> då bischte gegången mit der Gitsche in die Maute hinein!
> In Villach heruntn, Bua, groaß is da Urt,
> sågnt se: „Aa schon a Stådt, dås sege Klågnfurt!"

---

[4]   aus Hornung-Roitinger-Zeillinger 2000:109 (m.W. erstmals bei Lexer 1862:175).

In Klågnfurt selba frågnt se heitswånn noch in Gham:
„Håst du mi ghaßn Safn kafn lafn zan Pampalan?"
De St. Veitna, de brauchnt leihweise a Fåhn;
se kriagnt åba kane, weil se lei weiße nit håbm.
In Völkamårkt ban Nagele hearst de Kellnerin schrein:
„Mågst an Bier oda trink ma a Wain?"
In Diex pfeift da Wind und de Kältn tuat weh.
Sågt da Sime zur Franza: „Bring schneel a haßes Tee!"
In Bleiburg die Turna am Båhnhof marschiern
zu an Ausflug nåch Kåppl, da Herbst tuat se führn.
Wia da Zug kimmt, sågt lei ana mit Freidn:
„Wasma mir Bleiburga sein, wer ma åba alle hintn ainstaign!"
A gånz a spers Redn håmts in Låvnttal drin,
då frcht si dås Dindli går vül,
weicht a Krzn für a Wrk, dånn schmåltzts Nudln o mei,
dåß sen die Foastn lei rinnt übas Kei.
In Ferlach, ban Fanzete sitznt Sänga beinånd –
Stimman wia Glöcklan, für dås sein s bekånnt.
Auf amål frågt ana und haut auf n Tisch:
„Boš pa puaču še an Dopllita,
potle biva pa fest zapeva:
Klinge hell und rein wie Stahl
deutsches Lied im Rosental!"
So red hålt aniada von da Drau bis zur Möll,
deutsch, windisch, oda gmischt – wia a cånn, wia a wöll.
Is ja ålls lei a Huat – is a Schneid aa dabei
bei dem sakrischn Schlåg, bei de Karntna lei lei![5]

Übersetzung: *Die Kärntner Sprache.* (Es) ist nicht leicht bei uns im Ländlein, mit den Leuten ist es mehr hart, auch die Sprache hat ihr eigenes Gewändlein, in einem jeden Tal wird anders diskurriert. Im Lurnfeld oben haben sie (es) aufs „Å" täumisch

---

5 in Originalschreibung entnommen aus Petrei 1964:152f., enthalten auch in Pohl 1992:44.

(*hier* = wahnsinnig, verrückt) scharf: „Guten Morgen, wer ist gestorben bei euch heute im Dorf?" Vom Gitsch- und vom Gailtal, vom Lesachtal drinnen, da bist du gegangen mit dem Mädchen in die (= nach) Mauthen hinein! In Villach herunten, Bub, groß ist der Ort, sagen sie: „Auch schon eine Stadt, jenes Klagenfurt!" In Klagenfurt selber fragen sie manchmal noch im Geheimen: „Hast Du mich geheißen Seife kaufen laufen zum Pamperl [Name eines Geschäftes]?". Die St.-Veiter, die brauchen leihweise eine Fahne; sie kriegen aber keine, weil sie nur weiße nicht haben. In Völkermarkt beim Nagele [Name eines Gasthauses] hörst du die Kellnerin schreien: „Magst du ein Bier oder trinken wir einen Wein?" In Diex pfeift der Wind, sagt der Sime zur Franza: „Bring' schnell einen heißen Tee!" In Bleiburg marschieren die Turner zum Bahnhof zu einem Ausflug nach Kappel, der Herbst [Familienname] tut sie führen. Als der Zug kommt, sagt nur einer mit Freuden: „Was wir Bleiburger sind, werden wir aber alle hinten einsteigen!" Ein ganz ein schwieriges Reden haben sie im Lavanttal drinnen, da fürchtet sich das Mädchen gar viel, weiht eine Kerze für ein Werk, dann schmalzt sie die Nudeln, o weh, dass ihnen das Fett über das Kinn rinnt. In Ferlach, beim Fanzete [Name eines Gasthauses] sitzen die Sänger beisammen – Stimmen wie Glöcklein, dafür sind sie bekannt. Auf einmal fragt einer und haut auf den Tisch: „*boš pa plačal še einen Doppelliter, potle biva pa fest zapela* [das ist schriftsprachlich-slowenisch (durchsetzt mit deutschen Elementen)] = du wirst aber noch einen Doppelliter zahlen und dann werden wir beide fest singen: Klinge hell und rein wie Stahl, deutsches Lied im Rosental!" So redet halt ein jeder von der Drau bis zur Möll, deutsch, windisch [= slowenisch-mundartlich], oder gemischt – wie er kann, wie er will. Ist ja alles ein Hut – ist Schneid auch dabei bei dem sakrischen Schlag, bei den Kärntnern lei lei!

Anmerkungen: Im Lurnfeld wird auf die Aussprache [år] für -*or*- angespielt, weiter östlich meist [ur] gesprochen, wie hier im Gedicht in Villach *Urt* 'Ort'. Markant für Gitsch-, Gail- und Lesachtal ist die generelle Aussprache [št] für *st* und *Gitsche* 'Mädchen'. Nicht nur in St. Veit (an der Glan) lauten *leihweise* und *lei weiße* 'nur weiße' gleich; in Völkermarkt und Diex wird auf die Unsicherheit der slowenischsprachigen Bevölkerung hinsichtlich des grammatischen Geschlechts im Deutschen angespielt und schließlich in Bleiburg auf den slowenisch beeinflussten Satzbau. Für das Lavanttal dient als markantes Beispiel das silbische *r* in *Kerze* und *fürchtet*. Mit einer heiteren Note wird die Ferlacher Zweisprachigkeit veranschaulicht, in Michners Gedicht als „deutsch, windisch oder gemischt" bezeichnet.

5.3. *Der Gålgn afm Gålgmpīchl*

Aufe gēgn Maria Sâl, rechtər Hånd, durtn is dər Gålgmpīchl. Durtn håmp de K͟hlågnfurtnər sēnərn Gålgn ghåp, friərszaitn amâl. Dâ håmp se de Lait, de Lumpm hålt, håmp se durtn aufghen͟kht. Unte Härn af Anapīchl, de håmp ā an aiganes K͟hricht ghåp, homp ā amâl ān zon Tōd fərurtailt. Håmp se âbər k͟han Gålgn ghåp. Hiaz håmp se de K͟hlågnfurtnər gepētn, ob se se tātn lâsn pai sēn aufhen͟khn. Håmp se niklâsn. Hiaz håmp se de Anapīchlər geden͟kht: wämər nit äršt a Wail frâgn, wämər im amfâch aufhen͟khn. Dâs håmp de K͟hlågnfurtnər dərfrâk. Um draie hetər soln aufghen͟kht wärn. Hiaz sainte K͟hlågnfuartnər k͟hrâd so ause, dåse um draie drausn wårn. Wia de åndern sain k͟hūman, wår schon âls folər Lait. De K͟hlågnfurtnər håmp se niklâsn aufhen͟khn und sēnər Pirgermastər håt a schēne Rēde ghåltn, woa drīn gsåk håt: Mir lâsmər nit! Dər Gålgn ghärt fir uns K͟hlågnfurtnər, fir unsəre K͟hindər und unsəre K͟hindeskhindər![6]

---

6 nach E. Kranzmayer, in adaptierter Schreibung entnommen Hornung-Roitinger-Zeillinger 2000:111.

Übersetzung: *Der Galgen auf dem Galgenbühel.* Hinauf gegen Maria Saal (zu), rechter Hand, dort ist der Galgenbühel. Dort haben die Klagenturter ihren Galgen gehabt in früheren Zeiten einmal. Da haben sie die Leute – die Lumpen halt – haben sie dort aufgehängt. Und die Herren auf Annabichl, die haben auch ein eigenes Gericht gehabt, haben einmal einen zum Tod verurteilt. (Nun) haben sie aber keinen Galgen gehabt. Da (eigtl. jetzt) haben sie die Klagenfurter gebeten, ob sie (ihn) bei ihrem (Galgen) aufhängen lassen täten. (Sie) haben sie nicht gelassen. Jetzt haben sich die Annabichler gedacht: Werden wir nicht zuerst eine Weile fragen, werden wir ihn einfach aufhängen. Das haben die Klagenfurter erfahren (eigtl. erfragt). Um drei (Uhr) hätte er aufgehängt werden sollen. Da sind die Klagenfurter gerade so hinaus (gegangen), dass sie um drei draußen waren. Wie die anderen gekommen sind, war schon alles voll von Leuten. Die Klagenfurter haben sie nicht aufhängen lassen, und ihr Bürgermeister hat eine schöne Rede gehalten, wo er darin gesagt hat: Wir lassen (erlauben es) nicht! Der Galgen gehört für uns Klagenfurter, für unsere Kinder und Kindeskinder!

6. Ein bisschen Grammatik

Die Kärntner Mundart kennt wie das „Hochdeutsche" und alle anderen bairisch-österreichischen Mundarten drei grammatische Geschlechter sowie einen bestimmten und unbestimmten Artikel. An Fällen ist das Bairische um einen ärmer (der Genitiv fehlt[7]); im Plural gibt es beim Nomen (Hauptwort und Eigenschaftswort) keinen Kasusunterschied („Einheitsplural"); lediglich das Pronomen unterscheidet in der Mehrzahl noch zwischen Nominativ, Dativ und Akkusativ. Die Pluralbildung ist ähnlich wie in den anderen bairischen Mundarten. *s*-Plurale wie *Mädels* und *Autos* sind der Mundart fremd; sie kommen, wenn überhaupt, nur in entlehnten

---

[7] nur beim Pronomen und in einigen Wendungen (z.B. *in Gōts Nâm* 'in Gottes Namen') haben sich Reste des Genitivs gehalten.

Wörtern vor. Der Plural[8] der Diminutiva (Verkleinerungsformen) auf *-l* und *-le* lautet immer *-len* oder *-lan* (z.B. *Glāsl*, pl. *Glāslan*, *-len* 'Gläschen', *Zētale, -ele*, pl. *Zētalan, -elen* 'Zettel'), wobei die Formen mit *e* für Oberkärnten, die mit *a* für Unterkärnten typisch sind. Bei den Feminina auf *-n* (standarddeutsch *-e*) sind im Plural auch hybride Bildungen auf *-nan* möglich, z.B. *Flâschn* 'Flasche', pl. *Flâschn* und *Flâschnan*.

Das grammatische Geschlecht weicht oft von der Hochsprache ab, z.B. *der Tēn* 'die Tenne', *di Fētn* 'das Fett', *dås Lâd* 'die Lade'. Daher wird im Wörterbuch zu jedem Substantiv das grammatische Geschlecht angegeben. Es besteht aber in der Regel Übereinstimmung mit bairisch-österreichischen bzw. süddeutschen Varianten, wie z.B. *der Spiz* (neben *die Spitze*), *der Zekh* (neben *die Zecke*), *dås Ek* (neben *die Ecke*), die Formen in den Klammern sind die eigentlichen standarddeutschen, die anderen die in Österreich und somit auch in Kärnten üblichen.

Flexion des Artikels:

	der	die	das	die (pl.)	ein	eine	ein	(pl.)
Nom.	*der* [də]	*di, de*	*dås, (e)s*	*di, de*	*a*	*a*	*a*	*ane*
Dat.	*in, n*	*der* [də]	*in, n*	*di, de*	*an*	*aner*	*an*	*ane*
Akk.	*in, n*	*di, de*	*dås, s*	*di, de*	*an*	*a*	*a*	*ane*

Anmerkungen: Vor Vokalen lautet der unbestimmte Artikel auch im Nom. und Akk. *an*. – Als Ersatz für den Dat.pl. kommt auch die Präposition *in* (oder das Demonstrativpronomen *dēnan, dēnə*) vor, z.B. *gīb dås in de Khinder* (oder … *dēnə Khinder*) 'gib das den Kindern', beim Femininum auch im Singular, z.B. *gīb dås in der Muater* 'gib das der Mutter' (nur in der älteren Mundart).

---

8 *und* Dat. Singular, z.B. *in Diandlan, -len* 'dem Mädchen'.

Der unbestimmte Artikel steht – wie in den anderen bairisch-österreichischen Mundarten – auch dort, wo in der Hochsprache keiner steht, z.B. *i håb an Hunger* 'ich habe Hunger'. Im Kärntnerischen steht er auch im Plural, z.B. *i håb dir ane Epfl gepråcht* 'ich habe dir Äpfel gebracht'.

Zur Flexion des Pronomens:

betont	ich	du	er	sie	es
Nom.	*ī*	*dū*	*ēr*	*sē, sī*	*es, dēs*
Gen.	*mainer* †	*dainer* †	-	-	-
Dat.	*mīr*	*dīr*	*eam*	*ian, irn*	*eam*
Akk.	*mī*	*dī*	*eam*	*sī, sē*	*dēs*
pl.	**wir**	**ihr**	**sie**	**Sie.**	
Nom.	*mīr*	*dēs, ēs, īr*	*sē, sī*	*Sē, Sī*	
Gen.	*unser* †	*en<u>kh</u>er* †	-	-	
Dat.	*uns, ins* †	*aich, en<u>kh</u>*	*sēnə, sēnan*	*Īnə, Īnan*	
Akk.	*uns, ins* †	*aich, en<u>kh</u>*	*sē, sī*	= Nom. oder Dat	
unbetont	ich	du	er	sie	es
Nom.	*i*	*d(u)*	*er* [ə]	*se*	*s*
Dat.	*mer* [mə]	*der* [də]	*(i)n*	*iən*	*(i)n*
Akk.	*mi*	*di*	*(i)n*	*s(e)*	*s*
pl.	**wir**	**ihr**	**sie**	**Sie**	**Reflexiv**
Nom.	*mer* [mə]	*des, (e)s, ir*	*se*	*Se*	-
Dat.	*uns, ins* †	*aich, en<u>kh</u>*	*sen(an)*	*Īnə*	*si*
Akk.	*uns, ins* †	*aich, en<u>kh</u>*	*s(e)*	*S(e), Īnə*	*si*

Anmerkungen: Die Genitivformen kommen nur noch relikthaft vor (z.B. *wēgn mainer* †, heute meist *wēgn mir* 'meinetwegen'). Die *enkh*-Formen der 2. Person pl. sind heute nur noch in bäuerlicher Mundart geläufig, was auch für *dēs* (und das Possessivpronomen) gilt; in der Stadtmundart hört man – wenn überhaupt – nur mehr die kürzere Form *ēs*.

Die Possessivpronomina:

'mein'	*mai*	'unser'	*unser*
'dein'	*dai*	'eurer'	*enkher, ai(ch)er*
'sein'	*sai*	'ihr' (pl.)	*sēner*
'ihr'	*īr*	'Ihr'	*Īner*

Die Flexion stimmt mit der des unbestimmten Artikels überein, z.B. *mai Muater*, *mainer Muater* 'meine(r) Mutter', *maine <u>Kh</u>inder* 'meine Kinder', *īrn Mân* 'ihren/ihrem Mann', *unserer Muater* 'unserer Mutter' usw.

Zur Flexion des Verbums:

Wie in allen bairisch-österreichischen Mundarten ist der Formenbestand sehr reduziert. Die drei wichtigsten Verbalformen sind – neben dem Infinitiv – das Präsens, der Konditional (Konjunktiv des Präteritums) und des PPP (Partizip des Präteritums passiv). Das Präteritum wird allgemein durch das Perfekt ersetzt (außer bei *sein*: *i wår* 'ich war' usw. ist durchaus üblich). Die Hilfsverben ('sein', 'haben', 'tun' und 'werden') weisen z.T. erheblich abweichende Formen von der Hochsprache (und auch von anderen Mundarten) auf. Hier eine Übersicht:

Form	sein	haben	tun	werden
Infinitiv	*sain*	*håbm*	*tuan*	*wern*
Präsens *i*	*pin*	*håb (hån †)*	*tua*	*wer*
du	*pist*	*håst*	*tuast*	*we(r)st*
er/si/es	*is*	*håt*	*tuat*	*we(r)t*
mir	*saimer, sain, samer, san*	*håmer, håm*	*tuamer, tuan, tamer, tan*	*we(r)mer, we(r)n*
des/ir	*saits*	*håts, håps*	*tuats, tats*	*we(r)ts*
se	*saint, san(t)*	*håmp, håm*	*tuamp, tåmp, tan*	*we(r)nt*
Konditional	*wår, wårat*	*het*	*tat, tåt*	*wŭrat (wīrat †)*
PPP	*gwēsn*	*ghåp*	*getán*	*worn, wurn*

Anmerkungen: In Oberkärnten wird die Endung der 2. Person *-st* meist [-št-] gesprochen. – Die längeren Formen in der 1. Person pl. (*saimer, tuamer* usw.) werden in Hauptsätzen allgemein verwendet, auch in Fragensätzen (z.B. *håmer mīr ...?* 'haben wir ...?'), in Nebensätzen kommen beide Formen vor. – Die Formen *san, tan* usw. sind stadtmundartlich (und jünger).

Flexionsmuster für die anderen Verben:

Form	sagen	reden	geben	essen	sitzen	hacken
Infinitiv	*sågn*	*rēdn*	*gēbm*	*ēsn*	*sizn*	*håkhn*
Präsens *i*	*såg*	*rēd*	*gīb*	*īs*	*siz*	*håkh*
du	*såkst*	*retst*	*gipst*	*isest, -ast*	*sizest, -ast*	*håkhst*
er/si/es	*såk*	*ret*	*gip*	*ist*	*sizt*	*håkht*
mir	*sågmer, sågn*	*rēdmer, rēdn*	*gēbmer, gēbm*	*ēsmer, ēsn*	*sizmer, sizn*	*håkhmer, håkhn*
des/ir	*såks*	*rets*	*geps*	*ests*	*sizts*	*håkhts*
se	*sågnk*	*rēdnt*	*gēbmp*	*ēsnt*	*siznt*	*håkhnt*
Konditional	*sågat*	*rēdat*	*gēbat*	*ēsat*	*sizat*	*håkhat*
PPP	*gsåk*	*khret*	*gegēbm*	*gēsn*	*gsēsn*	*ghåkht*

Form	gehen	kommen	treten	wissen	können	müssen
Infinitiv	*gean, gēn*	*khēman*	*trētn*	*wīsn*	*khēnan*	*miasn*
Präsens *i*	*gea, gē*	*khīm*	*trīt*	*wās*	*khân*	*muas*
du	*geast, gēst*	*khimst*	*tritest, -ast*	*wast*	*khânst*	*muast*
er/si/es	*geat, gēt*	*khimp*	*tritet*	*wās*	*khân*	*muas*
mir	*geamer, gēmer, gean, gēn*	*khēmer, khēman*	*trētmer, trētn*	*wīsmer, wīsn*	*khīmer, khīnan, -ē-*	*miasmer, miasn*
des/ir	*geats, gēts*	*khemps*	*trēt(et)s*	*wists*	*khints*	*miasts*
se	*geant, gēnt*	*khēmant*	*trēt(e)nt*	*wīsnt*	*khīnant*	*miasnt*
Konditional	*gangat, gēat*	*khāmat*	*trētat*	*wīsat, wūsat, wist*	*khunt, khent, khīnat*	*miasat, miast*
PPP	*gângan*	*khēm(an)*	*getrētn*	*gwist, gwust*	*khīnan, gekhint*	*miasn, gmiast*

Anmerkungen: Zu den Lautregeln s.o. S. 19f. Zur Endung *-est* und zur 1. Person pl. s.o. – Statt *khēman* sagt man stadtmundartlich meist *khūman*, also *i khūm*, *mir khūmer*, *i pin khūman* usw.

Die anderen Formen in Auswahl:

Infinitiv: es gibt „doppelte" (hybride) Infinitivformen wie z.B. *schrainan* 'schreien' neben *schrain*, *glōsnan* 'glimmen, glosen' neben *glōsn*. Diese Formen werden im Wörterverzeichnis durch runde Klammern gekennzeichnet, also *schrain(an)*, *glōsn(an)*.

Imperativ: *sai* (*saits*) 'sei(d)', *khīm* (*khemps*) 'komm(t)' usw.

Präsens II (mit *tun*): *i tua khōchn* 'ich koche (gerade), bin beim Kochen' (für soeben stattfindende Handlungen – im Gegensatz zu gewohnheitsmäßigen).

Perfekt: *i hâb gekhocht* 'ich habe gekocht', *i pin wekh gångan* 'ich bin weggegangen'. Manchmal verwendet man ein vom Standarddeutschen abweichendes Hilfszeitwort, z.B. *i pin gschlâfn* 'ich habe geschlafen'.

Plusquamperfekt: *i hâb gekhocht ghåp* 'ich hatte gekocht', *i pin scho wekh gångan gwēsn* 'ich war schon weggegangen'.

Das Futurum muss nicht mit *werden* umschrieben sein, wie auch in der Umgangssprache, es kann auch das Präsens stehen, z.B. *murgn khōch i Khāsnūdln* 'morgen koche ich Käsnudeln'.

Fragesätze werden oft mit *a* eingeleitet, z.B. *a wås khochst den dâ guats?* 'was kochst du denn da gutes?'. Unpersönliche Sätze mit dem Pronomen *es* als Subjekt vermeiden dieses oft (v.a. in Unterkärnten), z.B. *hait in der Frua wår åber khålt* 'heute in der Früh war es aber kalt', *wen gēt, khūm i murgn* 'wenn es geht, komme ich morgen' (dazu s.o. **4.2**).

Zahlwörter:

Zahl	Kardinalzahlen	Ordnungszahlen	Bruchzahlen
1	āns, oans	der/di erste [-š-]	
2	zwā, zwoa	der/di zwaite	hålbe
3	drai	der/di drite	dritl
4	vīr(e)	der/di vīrte	vīrtl, vīrtlte
5	fimf(e), finf(e)	der/di fimfte, finfte	fimftl, finftl
6	seks(e)	der/di sekste	sekstl
7	sīm(e), sībane, -ene	der/di simte	simtl
8	åcht(e)	der/di åchte	åchtl
9	nain(e)	der/di nainte	naintl
10	zēn(e)	der/di zēnte	zēntl
11	elf(e) [ö-]	der/di elfte [ö-]	elftl [ö-]
12	zwelf(e) [-öl-]	der/di zwelfte [-öl-]	zwelftl [-öl-]

Zahl	Kardinalzahlen	Ordnungszahlen	Bruchzahlen
13	draizen(e)	der/di draizente	draizentl
14	vīrzen(e)	der/di vīrzente	vīrzentl
15	fuchzen(e), fufzen(e)	der/di fuchzente, -fz-	fuchzentl, -fz-
16	sechzen(e)	der/di sechzente	sechzentl
17	sipzen(e)	der/di sipzente	sipzentl
18	åchzen(e)	der/di åchzente	åchzentl
19	nainzen(e)	der/di nainzente	nainzentl
20	zwanzk	der/di zwanzikste	zwanzikstl
21	ānazwanzk		
22	zwārazwanzk		
30	draisk	der/di draisikste	draisikstl
31	ānadraisk		
40	vīrzk	der/di vīrzikste	vīrzikstl
43	draiavirzk		
50	fuchzk, fufzk	der/di fuchzikste, -fz-	fuchzikstl, -fz-
60	sechzk	der/di sechzikste	sechzikstl
70	sipzk	der/di sipzikste	sipzikstl
80	åchzk	der/di åchzikste	åchzikstl
90	nainzk	der/di nainzikste	nainzikstl
100	hundert	der/di hundertste	hundertstl
101	hundert-āns	der/di hundert-erste	
1000	tausnd	der/di tausndste [-ən-]	tausndstl [-ən-]

Anmerkungen: Die Zahlen von 4-19 haben bei attributiver Verwendung die Form ohne *-e*, z.B. *vīr Khinder* 'vier Kinder', *zēn Finger* 'zehn Finger', bei alleinigem Gebrauch erscheint beim Zählen immer, sonst meist das auslautende *-e*, z.B. *um vīre* 'um vier (Uhr)'. Bei 'drei' steht das auslautende *-e* nur bei Zeitangaben, z.B. *uma draie* 'um ca. 3 Uhr'; ab 20 ist das *-e* nur selten zu hören.

Bei Zeitangaben wird zwischen exakter und ungefährer Uhrzeit unterschieden, *um vīr(e)* bzw. *zēn(e)* 'pünktlich um vier bzw. zehn Uhr', *uma vīre* bzw. *zēn(e)* 'um ca. vier bzw. zehn Uhr'. – Die Form *vīrtlte* wird meist nur bei Zeitangaben verwendet, z.B. *a draivīrtlte Stund* 'eine Dreiviertel Stunde'.

Die Namen der Zahlzeichen (und v.a. auch der Schulnoten) sind – wie in Österreich und Bayern allgemein üblich – maskulin, also *der Änser, Zwārer, Draier* usw. 'der Einser, Zweier, Dreier bzw. die Eins usw.', es heißt auch *der Nuler* 'die Null', umgangssprachlich 'der Nuller'.

Bei den Ausschankmengen 1/8- und 1/4-Liter (v.a. Wein) sagt man *a Åchtl* oder *a Achtale, -ele* bzw. *a Vīrtl* oder *a Vīrtale, -ele*. Zu einem halben Liter Bier (oder Most) sagt man in älterer Mundart *a Hålbe*, in letzter Zeit aber eher *a grōses Pīr* 'ein großes Bier'.

7. Wie der Kärntner grüßt

auf Wīderschaun	auf Wiedersehen, „-schauen" (formeller Abschiedsgruß)
papá	auf Wiedersehen (kindersprachlich, vertraulich)
pegrüse	begrüße (eher salopper, in der Stadt oft zu hörender Gruß, allerdings nicht „echte" Mundart)
pfiat aich	auf Wiedersehen (zu mehreren Personen, wenn man mit den Angesprochenen „per Du" ist, jüngere Mundart)
pfiat enkh	auf Wiedersehen (zu mehreren Personen, wenn man mit den Angesprochenen „per Du" ist, ältere Mundart)

pfiati	auf Wiedersehen, kürzere Form (wenn man mit dem Angesprochenen „per Du" ist)
pfiat Gŏt	→ *pfiatigŏt*
pfiatigŏt, pfiakŏt	auf Wiedersehen, volle Form = „behüte dich Gott!" (wenn man mit dem Angesprochenen „per Du" ist)
Tāg	Guten Tag (Kurzform, formeller Gruß, ist aber keineswegs „echte" Mundart)
grias aich	= *grias enkh*
grias aich Gŏt	= *grias enkh Gŏt*
grias di, griasti	grüße dich, kürzere Form (wenn man mit dem Angesprochenen „per Du" ist)
grias di Gŏt, griasti Gŏt	grüß dich Gott, längere Form (wenn man mit dem Angesprochenen „per Du" ist)
grias enkh	Grüß Gott, kürzere Form (zu mehreren Personen, wenn man mit den Angesprochenen „per Du" ist)
grias enkh Gŏt	Grüß Gott, längere Form (zu mehreren Personen, wenn man mit den Angesprochenen „per Du" ist)
grias Gŏt	Grüß Gott (neutraler, im öffentlichen Leben üblicher mundartlicher Gruß)
hálo, halŏ	hallo (hat sich in letzter Zeit sehr verbreitet, ist aber keineswegs „echte" Mundart)
serwus, -was	Servus (sehr verbreitet, allerdings nicht „echte" Mundart)
sgŏt	= *grias Gŏt* (Kurzform)

tschau	ciao (aus dem Italienischen), auf Wiedersehen (nur zu Personen, wenn man mit ihnen „per Du" ist; hat sich zwar in letzter Zeit sehr verbreitet, ist aber keineswegs „echte" Mundart. Wird immer mehr durch *tschüs* verdrängt)
tschüs	tschüs(s) (aus dem Norddeutschen), auf Wiedersehen (nur zu Personen, wenn man mit ihnen „per Du" ist; hat sich in letzter Zeit sehr verbreitet, ist aber keineswegs „echte" Mundart)

Anmerkung: Die in der österreichischen Umgangssprache üblichen Grüße *Grüß Gott* und *Auf Wiederschauen* sowie *Servus* sind in entsprechender Lautung auch in Kärnten die am meisten gebrauchten. Allerdings haben sich auch bei Mundartsprechern modernere, v.a. über Rundfunk und Fernsehen sowie über die Jugendsprache verbreitete Grußformeln immer mehr durchgesetzt.

8.   Aus der Kärntner Küche

8.1.   Nudeln

Nudeln sind in Kärnten auch gefüllte Teigtaschen aus Nudelteig (zum bessern Verschließen „gekrendelt", → *khrendln*) in variabler Größe und verschiedenen Füllungen. Sowohl hausgemacht als auch von verschiedenen Firmen geliefert. Auch die Größe ist verschieden (z.B. *Faustnudeln* in Faustgröße). Das „Kärntner Nationalgericht" sind die **Kärntner Nudeln** oder **Käs-/Kasnudeln**, s.u.) mit Fülle aus Topfen mit Knödelbrot (oder → *Hirschprain*), Eiern, gewürzt mit Salz, Kerbel („Keferfill") und Minze, beim

Servieren mit Butterschmalz oder Schmalz mit Grammeln übergossen (Beilage grüner Salat). Als Fülle kommt u.a. *Fleisch* (**Fleischnudeln**), *Kartoffeln* (u.a. **Gailtaler Erdäpfelkrapfen** oder **-nudeln** und *Blutwurstmasse* (**Blunzennudeln**), auch **Spinatnudeln** und **Bertramnudeln** vor, als Süßspeise **Apfel-** und **Kletzennudeln**. Alle Kärntner Kochbücher – deutsche wie slowenische – nennen Rezepte. – Kulturgeschichtlich könnte es sich um einen Einfluss aus dem romanischen Süden handeln, doch es sollte nicht übersehen werden, dass gefüllte Teigtaschen auch in allen slawischen Küchen verbreitet sind. In Oberkärnten (und Tirol) heißen diese Nudeln **Krapfen** (an die alte Bezeichnung erinnern noch heute die *Schlickkrapferln*, eine Suppeneinlage mit Fleischfüllung, und auch der slowenische Name *krapi*, z.B. *čompavi krapi* 'Erdäpfelnudeln'). Tiroler Spezialitäten sind die *Schlutz-* und *Schlipfkrapfen*.

Kärntner Käsnudeln („klassisches" Rezept)

Zutaten: Nudelteig (½ kg Mehl, lauwarmes Wasser, 1 Ei und Salz [geschmeidigen Nudelteig kneten, rasten lassen, auf bemehlter Fläche ausrollen]); *Fülle* ¾ kg Topfen (gut ausgepresst), mengenmäßig ein Drittel davon an halbweich gedünstetem Hirsebrein *oder* aufgeschnittenem Knödelbrot, 2 Eier, Salz, Minze und „Keferfill".

Zubereitung 1 („gekrendelt"): Nudelteig gut durchkneten und auswalken; die Fülle gut zusammengemischt auf die bis zu handflächengroß ausgezogenen und eher runden Teigsegmente (Platten) auftragen, die Enden der Teigstücke verbinden und „abkrendeln", sodass halbmondförmige Nudeltaschen entstehen. Je nach Größe in heißem Salzwasser 5-10 Minuten kochen (ab dem Zeitpunkt, wo das Wasser nach dem Einlegen wieder zu kochen beginnt). Servieren – je nach Wunsch – mit zerlassener Butter, zerlassenem Speck oder Grammeln.

Zubereitung 2 („geradelt"): den gut durchgekneten und messerrückendick ausgewalkten Nudelteig regelmäßig in einer Reihe mit maroni- bis nussgroßen Kugeln aus Fülle belegen, bis die Hälfte der Teigfläche verbraucht ist. Anschließend die andere Hälfte der Teigfläche darüberschlagen, so dass eine große, einseitig geschlossene Teigtasche entsteht. Nun drückt man den Teig halbkreisförmig um die Fülle nieder und radelt wiederholt halbkreisförmige Nudeltaschen heraus. Alles weitere wie oben.

Variationen: Fülle aus Topfen und passierten Erdäpfeln (im Verhältnis 2:1) mit Porree, Salz, Minze, Kerbel, Pfeffer; Fülle aus je 30 dag Topfen und passierte Erdäpfel, 2 EL feingehackte, in 1 EL Butter angelaufene Zwiebel, Minze und Keferfill nach Geschmack, Salz – oder statt Erdäpfel Hirse. – Beilage grüner Salat.

Fleischfülle: 60 dag faschiertes Selchfleisch und/oder Fleischreste, fein gehackte Zwiebel, 1 Ei, Petersil, Brösel nach Bedarf (v.a. bei fettem Fleisch). Zwiebel in Fett hellgelb anlaufen lassen und alle Zutaten gut vermischen. Weiter wie oben. Beilage saure Rüben.

8.2. Kirchtagssuppe

Die Krönung der Kärntner Suppen ist die Kirchtagssuppe, die jeder Bäuerin (und jedem Koch) freie Phantasie und Möglichkeit lässt, sie besser als die der Nachbarn zu kochen.

Villacher Kirchtagssuppe (nach dem „Kuchlmasta" Peter LEXE in der „Kleinen Zeitung", Klagenfurt 3.8.2001, unter dem Titel „Vier Schritte zum Kirchtagsgenuss", aus Pohl 2004:120 mit weiteren Rezepten: *Rosentaler Kirchtagssuppe* und *Gailtaler Kirchtagssuppe*).

Erster Schritt: Die Basissuppe. Das Fleisch (Rind, Kalb, Lamm, Schwein und Huhn) und die Knochen (Rind und Schaf) in kaltem Wasser (etwa vier Liter) aufstellen und aufkochen.

Schaum abschöpfen und Hitze zurücknehmen. Jetzt Suppengrün dazugeben: 1 Karotte, Petersilienwurzel und gleich viel Selleriewurzel, $1/4$ einer Lauchstange, Salz, 10 Pfefferkörner, 6 Pimentkörner, 3 Gewürznelken, 1 ½ Stangen Zimt, 2 Lorbeerblätter zur Suppe geben. Leicht köcheln.

Zweiter Schritt: Die Kräuter. In der Zwischenzeit: einen halben Liter Basissuppe abschöpfen und darin folgende Kräuter aufkochen und dann zumindest 20 Minuten ziehen lassen: 1 TL Kerbel, 1 TL Gundelrebe, 1 TL Salbei, 1 TL Thymian, 1 TL Liebstöckel, 1 EL Basilikum, 2 EL Zitronenmelisse. Diesen Kräutersud gegen Ende der Suppenkochzeit (nach rund 90 Minuten) in die Suppe gießen. 2 Säckchen Safran ebenfalls in etwas Suppe mit einem Schuss Essig aufkochen, ziehen lassen und der Suppe beimengen. Die Basissuppe verliert durch das Kochen etwas mehr als einen Liter Flüssigkeit.

Dritter Schritt: Der Rahm. 1 L Saurer Rahm aus Kärntnermilch mit 2 EL Mehl und 2 Eidotter in einem großen Suppentopf gut vermischen.

Vierter Schritt: Das Mischen. Den Rahm auf kleiner Flamme erhitzen und unter ständigem Rühren mit einem Schneebesen die Basissuppe in den Rahm seihen; und zwar durch ein Leinentuch oder ein feines Sieb, Schöpfer für Schöpfer, damit der Rahm nicht durch die starke Hitze der Suppe zusammenfällt. Langsam aufkochen lassen. Mit etwa einem $1/8$ L herben Weißwein und Salz abschmecken. Dann nur noch ziehen, nicht aufwallen lassen. Das Fleisch in kleine Würfel schneiden. In Suppenteller geben, die Suppe darübergießen und mit Reinling servieren.

Tipp: Wenn die Suppe nicht sofort nach dem Kochen gegessen wird, unbedingt kaltstellen. Die Saure Suppe kann auch tiefgefroren einige Zeit aufbewahrt werden.

8.3. Rein(d)ling

Eine der bekanntesten Kärntner Speisen ist der *Reinling* (so die richtige Schreibung, da er nach der *Rein(e)* (→ *Rain*) 'runde Schüssel oder Kasserolle; rundes, niederes Koch- oder Backgefäß; randhohe, irdene Pfanne' so genannt wird, wenn auch *Reindling* gesprochen). Er ist das Kärntner Pendant zum Wiener *Gugelhupf*, wenn sich auch Herstellungsweise und Form auseinander entwickelt haben. Im Gegensatz zur typischen Gugelhupfform hat der „echte" Kärntner Reinling kein Loch in der Mitte. Er wird aus feinem Germteig (mit Ei) hergestellt, der ausgerollt, mit Zucker oder Honig, Rosinen und Zimt bestreut und wieder zusammengerollt, in die Reine (oder auch Gugelhupfform) eingelegt und gebacken wird. ***Grundrezept***:

Zutaten: Germteig aus 50 dag Mehl, 20 g Germ, 50-100 g Butter, ¼ L lauwarmer Milch, 1 Ei, 1 Eidotter, 50 g Zucker, je 1 TL Salz und Anis; *Fülle*: 50 g Butter, 10 dag Zucker, 2 EL Zimt, 10 dag Rosinen (anstelle von Zimt und Zucker kann man auch 20 dag Karubemehl verwenden).

Zubereitung: Den Germteig bereiten, gut aufgehen lassen und durchkneten. 1 cm dick ausrollen, zuerst mit zerlassener Butter beträufeln, dann mit Zucker, Zimt und Rosinen bestreuen. Fest zusammenrollen, schneckenförmig in eine gut gefettete Reine einlegen und bei 180° C backen. Nach dem Abkühlen (noch in der Form) herausstürzen.

8.4. Bezeichnungen für die Kartoffel in Kärnten

Diese Pflanze (*Solanum tuberosum*), in der österreichischen Umgangssprache meist allgemein 'Erdäpfel' genannt, wird erst seit dem 18. Jhdt. im deutschen Sprachraum kultiviert. Trotz ihrer relativ jungen Geschichte gibt es in den deutschen Mundarten eine Vielzahl von Bezeichnungen, in Kärnten insgesamt 10 Ausdrücke, wobei bei mundartkundlichen Erhebungen oft 2-3 gleichzeitig genannt werden:

Erdäpfel (*Ertepfl* usw.), ganz Kärnten (und Österreich);

Erdbirne (*Erpirn* usw.), hauptsächlich in Oberkärnten, aber auch im Gitschtal und Lavanttal;

Fletzbirne (*Fletz* aus mitelhochdeutsch *vletze* 'Boden'), hauptsächlich im Kärntner Zentralraum;

Rübe [rúabe], im Lesachtal;

Erdrübe [ärtruabm], im Gailtal;

Grundbirne [<u>kh</u>rumpir(n), g-], woraus auch slowenisch *krompir*, Villach, Diex, Teuchl (Gem. Reißeck), im Glantal;

Tschompe (aus slowenisch-mundartlich *čompe*), Gailtal u. Bleiberg-Kreuth;

G(g)umpen [kumpm], im Lesachtal bis Kötschach-Mauthen (vielleicht entstellt aus *Grundbirne*);

Perkel, nördl. Lavanttal (= *Perkel, -gg-* eigentlich 'kleines Ding, Holzbirne');

Kartoffel (aus der Hochsprache).

8.5. In Kärnten beliebte Gewürze

Anis [ânes, ṍnes, -əs] – *Anwendung*: für Süßspeisen und Ge-bäcke.

Basilikum [*auch* prasílkum, presádl, p(r)asándl] – *Anwendung*: sehr vielseitig, für Fleischspeisen, Kräutersaucen, Braten, Füllen, Fleischsuppen, Gewürzessig, Salzgurken, Salate, Paradeiser und Tomatengerichte. Sein Duft überdeckt auch den „gewöhnlichen" Zwiebelgeruch.

Bertram 'Estragon' – *Anwendung*: säuerliche Speisen, Suppen, Saucen, Essig, Mayonnaise, Karotten. Ferner für Bertramstrudel und Bertramreinling sowie Bertramnudeln.

Borretsch 'Gurkenkraut' – *Anwendung*: Gurken, Saucen, Wildsalate, frisch über jeden Salat.

Dill(kraut) – *Anwendung*: Suppen, Saucen, Salate (v.a. Gurken), Erbsen, Strankerl, Fleisch- und Gemüsespeisen.

Fenchel – Anwendung: Salate, Fleisch- und Fischbeizen (Blätter); Brot und Gebäck (Samen).

Gundelrebe – Anwendung: Suppen, Fleisch- und Erdäpfelspeisen, Wildsalate.

Ingwer – Anwendung: Kürbisgemüse, Suppen, Schwein, Huhn. War früher verbreiteter und beliebter als heute.

Keferfill 'Kerbel' *– Anwendung*: zusammen mit Minze für gesalzene Topfenspeisen, insbesondere Käsnudeln, aber auch für Suppen, Saucen, Salate, frisch auch aufs Butterbrot.

Koriander – Anwendung: Brot, Lebkuchen, Gewürzessig, auch beim Einsalzen von Fleisch.

Kümmel [khīm] *– Anwendung*: Brot, Gebäcke, Käse, Topfen, Schweins- und Schöpsenbraten, Saucen, zu Kraut und Rüben, Erdäpfeln usw.

Kren [khrēn, khrean] 'Meerrettich' *– Anwendung*: v.a. zu Geselchtem, zu Würsten usw.

Lust(st)ock, Lusche 'Liebstöckel' *– Anwendung*: v.a. als Suppenkraut (Gemüse-, Knochen- und Fleischsuppen), für Ritschert, gemahlen als Bratenwürze.

Majoran [mai(e)rŏn] *– Anwendung*: als Wurstkraut, für Fleischspeisen, -suppen und -saucen, Leber und Blutspeisen, Rindsgulasch.

Melisse (*Zitronen-*) *– Anwendung*: sehr vielseitig verwendbar, für Kräutersaucen, Braten, Wild, Geflügel, zum Einlegen von Fleisch und Fisch, zum grünen Salat, Eierspeisen usw.

Minze (*Nudel-*; der Zusatz *Nudel-* wegen der „Unentbehrlichkeit" dieses Gewürzes für die Zubereitung der *Kärntner Kasnudeln*). *– Anwendung*: Käsnudeln (zusammen mit Kerbel), Braten, Saucen und verschiedene Suppen.

Rosmarin – Anwendung: für Saucen, zum Fleischdünsten, Leber, Milz, warme Würste, in gebundenen Suppen, Wild, Lamm (immer in geringen Mengen).

Salbei [sålfe] – *Anwendung*: v.a. zu fetten Speisen, Schöpsernes, Schweinernes, Suppen und Saucen, auch zu gedünstetem Obst und zu Kräuterkäse.

Saturei [satrái] – *Anwendung*: v.a. für Hülsenfrüchte, Einlegen von Gurken. Kann anstelle von Majoran und/oder Pfeffer verwendet werden.

Thymian auch *Kudel-, Kuttelkraut*, alte Aussprache [tīmas]. – *Anwendung*: zur Wurstbereitung, zu Fleischfüllen, fetten Braten, Fleischspeisen, Hülsenfrüchte, Erdäpfelgerichte, Kräutersaucen, Saure Suppen.

Wohlgemuth – *Anwendung*: Speisen mit Holunder; Tee (Heilpflanze).

Ysop [isop] – *Anwendung*: Kartoffelsalat, Leberknödel, Eintopf, Kräutertopfen.

KARTE 3
DER OBERDEUTSCHE SPRACHRAUM
(Übersichtskarte nach Zehetner 2005:13 bzw. König 1978:230)

9. Phonologie der Kärntner Mundarten und ihre phonetische Realisierung

9.1. Phonologie [9]:

Konsonanten:

		Plosive					
	(lenes)	d	g	[*b* im Anlaut fehlt]			
	(fortes)	p	t	k[10]			
	Affrikaten	pf	ts	tš	<u>kh</u>		
	Spiranten	w[11]	j	f	s	š	h[12]
	Sonoranten	m	n	l	r[13]		

Vokale:

i		(ü)[14]			u
e		(ö)[15]		o	
	ä[16]		å		
		a[17]			

Alle Vokale können kurz oder lang sein.

Diphthonge:

ai	oi	au	e[i]		o[u]
ia	(ie)[18]	ea (ä[e])[18]	oa (ö[e])[18]	ua (ue)[18]	

Anmerkung: Zwischen -nd- und -nt-, -mb- und -mp- wird kaum unterschieden.

---

9 vgl Pohl 1989:24f.

10 im Anlaut nur in Lehnwörtern, im Inlaut relativ selten, z.B. prukn „Brücke" oder Minimalpaar rukn „Rücken" (Körperteil) vs. rukhn „rücken" (Verbum). In der Stadt- und Verkehrssprache besteht die Tendenz, die beiden Phoneme /k/ und /kh/ in /kh/ zu vereinigen.

11 mit phonologischer Variante b; geschrieben im Anlaut w, im In- und Auslaut meist b.

12 mit phonologischer Variante ch, geschrieben im Anlaut h, sonst ch.

13 teils uvular, teils Zungenspitzen-r, in der Regel jedoch velar (v.a. Mittelkärnten).

14 regional(e Varianten) und in junger Stadtmundart vor l.

15 wie Anm. 13.

16 rezessiv, v.a. noch in konservativen Bauernmundarten regional erhalten.
   mit phonologischer Variante ə (ist auch Realisierung von unbetontem er).
   regionale Varianten zu ea oa: ie ue v.a. in Oberkärnten, äe öe im mittleren Mölltal.

9.2. Aussprache der Phoneme (nach den Prinzipien der API):

Vokale (*Monophthonge*)

a, ā	[a], [a:]; -a [ə]
å, â	[ɔ], [ɔ:]
e	[e] (zu *er* s.u.)
ē	[e:], im Westen, Norden und Osten [eⁱ]
ä æ	[ɛ], [ɛ:]
i, ī	[i], [i:]
o	[o]
ō	[o:], im Westen, Norden und Osten [oᵘ]
u, ū	[u], [u:]

Diphthonge

ai	[ai]
oi	[oi]
au	[au]
ia	[iə], in Oberkärnten auch [ie]
ea	[ɛə]
oa	[ɔə]
ua	[uə], in Oberkärnten auch [ue]

In einigen Gegenden kommen vor (s.o. **9.1**):

ö	[ø], vor *l* [œ]
ü	[y], vor *l* [ʏ]
öᵉ	[øe] (statt *oa*)
äᵉ	[ɛe] bzw. [æe] (statt *ea*)

Konsonanten

b	[β] nur im Inlaut
d	[d] (Lenis)
g	[g] (Lenis)
k	[k] (Fortis)
<u>kh</u>	[kʰ] im Anlaut, [kx] im In- und Auslaut
f v	[f]
w	[w] v.a. im Anlaut, im Inlaut meist [β]
ng	[ŋ], [ŋg]
nk	[ŋk]
h/ch	[h] im Anlaut und intervokalisch, sonst lenisiertes [x]
s	[s] (stimmlos, aber kein *ß* oder *ss* wie im Standarddeutschen)
rs	[rʃ]
st-	[ʃt] (im Anlaut allgemein)
-st	[ʃt] (so nur im westlichen Oberkärnten im In- und Auslaut, sonst [st])
sch	[ʃ]
z	[ts]
tsch	[tʃ]
r	[r] bzw. [ʀ], nach Vokal oft [ər *bzw.* əʀ], vokalisiert [ə], insbesondere in der Verbindung *er*, die von vielen Sprechern in unbetonten Silben [ə] oder [a] (v.a. *ver-*, *der-*, *zer-*, *-er*) gesprochen wird.

Benützungshinweise

In runden Klammern stehen Wortteile, die weggelassen werden können, z.B. *Putsch(k)n = Putschn* und *Putschkn*. Nach dem Wort stehen weitere Angaben, u.a. das grammatische Geschlecht. Bei den Worterklärungen stehen in Klammern mit Anführungszeichen entsprechende hochdeutsche Wörter zum besseren Verständnis.

Das grammatische Geschlecht wird durch *m.* = maskulin (männlich), *f.* = feminin (weiblich) und *n.* = neutral (sächlich) angegeben; wird ein Wort meist oder ausschließlich nur in der Mehrzahl gebraucht, steht *pl.* = Plural. In einigen Fällen werden auch bemerkenswerte Pluralformen und Partizipien (PPP) angegeben.

Der Bindestrich *im* Wort zeigt die Silbengrenze an, v.a. wenn die vorhergehende auf Konsonant, die folgende mit Vokal beginnt, z.B. *ān-augat*. Sonst zeigt der Bindestrich Varianten an, z.B. *alåne, -ig*, zu lesen *alåne* bzw. *alånig* oder *Irtåg, Irte, -ti(g)* zu lesen *Irtåg, Irte* bzw. *Irti* bzw. *Irtig.*

Es musste ein Kompromiss zwischen „hochdeutscher" und mundartlicher Schreibung gefunden werden. Auf zu viele Sonderzeichen wurde bewusst verzichtet; im Wörterverzeichnis werden nur Buchstaben des deutschen Alphabetes verwendet, ausgenommen die langen Vokale, die mit einem Balken gekennzeichnet sind (*ā ē ī ō ū*), und das typische bairisch-österreichische *å* (kurz) bzw. *â* (lang), ein Mittellaut zwischen *a* und *o*, z.B. *er håt* 'er hat', *Schlåg* 'Schlag(rahm/-obers/-sahne)'; *ä* wird meist durch *e* ersetzt (als Aussprachebezeichnung für offenes *e* wird *ä* aber verwendet). Weiters bleiben die Buchstaben *v* und *f* erhalten; auf Doppelvokale, Umlaute (die es in der Mundart in der Art wie in der Hochsprache nicht gibt), Doppelkonsonanten sowie *ß*, *tz* und *ck* wurde bewusst verzichtet. Die Diphthonge (Zwielaute) *ei* und *ai* wurden vereinheitlicht zu *ai*. Der Laut „Schwa" (phonetisch [ə]) wird im Wortauslaut und in vortonigen Silben nach schriftsprachlichem Vorbild *er* geschrieben, also z.B. *Vâter* [fâtə] „Vater", *verrukht* [fərúkht *bzw.* farúkht] (als Ausspracheezeichung für „Schwa" wird *ə* aber verwendet). In Anlehnung an die standarddeutsche Rechtschreibung wird *st* und *sp* (v.a. im Anlaut) beibehalten und nicht durch *scht* und *schp* (auch nicht *št* und *šp*) ersetzt; nur in Zweifelsfällen wird das Zeichen *š* [sch] zur Ausspracheezeichung verwendet.

Im Wortanlaut sind die Buchstaben *p t* und *v* gemeinsam mit *b, d* und *f* angeführt, auch die drei Laute *g k kh* werden wie ***ein*** Buchstabe behandelt, da die Mundart im Anlaut nicht zwischen *p* und *b* unterscheidet, *d* und *t* nicht immer nach hochdeutschem Vorbild verteilt sind und die Tendenz besteht, dass *k* teils wie *g*, teils wie *kh* gesprochen wird. Im In- und Auslaut gilt die übliche alphabetische Reihenfolge.

Die Laute *ö* und *ü* kommen in der Mundart nicht vor; sie werden aber gelegentlich zur Ausspracheezeichung verwendet wie auch *ä*.

Die Zeichen im einzelnen (soweit deren Verwendung oder Aussprache vom Standarddeutschen abweicht):

å   dunkles, nach *o* hin verfärbtes *a* (gemeinbairisch, so auch in den meisten österreichischen Mundarten)

â   langes *å*

å und *â* klingen vor *m* und *n* fast wie reines *o*

ā   langes *a*

œ (*genauer* æ) langes *ä* (wird nur zur Bezeichnung der Aussprache verwendet)

b kommt nur im Inlaut vor und ist bilabiales *w* (siehe dort)

ē langes *e*

ə „Schwa-Laut", wie auslautendes *-er* in der allgemeinen Umgangssprache wie z.B. in *Vater*, *Leser* usw. (wird nur zur Bezeichnung der Aussprache verwendet)

ī langes *i*

ĭ ist kurzes, unsilbisches *i* (wird nur zur Bezeichnung der Aussprache verwendet)

k ist ein reines, unbehauchtes und nicht affriziertes *k*; in echtdeutschen Wörtern kommt es nur im In- und Auslaut des Wortes vor, im Anlaut nur in Lehnwörtern. Es besteht heute die Tendenz, dass es im In- und Auslaut zu <u>*kh*</u>, im Anlaut zu *g* wird

<u>*kh*</u> affriziertes *k*, etwa *k* + *ch* zu sprechen [kᶜʰ], in Kärnten nicht so deutlich wie in Tirol, aber doch deutlich im Gegensatz zu den mittelbairischen Mundarten

ō langes *o*

o und *ō* klingen (v.a. in Oberkärnten) vor *r* wie *å* und *â*

œ langes *ö* (wird nur zur Bezeichnung der Aussprache verwendet)

s ist immer stimmloses *s*; die Kärntner Mundart kennt kein *ß* oder *ss*, auch kein stimmhaftes *s*

š wie *sch* (wird nur zur Bezeichnung der Aussprache verwendet) ū   langes *u*

ǖ   langes *ü* (wird nur zur Bezeichnung der Aussprache verwendet)

w   ist in der Mundart bilabial zu sprechen und im Inlaut (v.a. zwischen Vokalen) von schriftsprachlichem *b* schwer zu trennen.

´   Betonungszeichen (wird nur in bemerkenswerten Fällen verwendet).

Die Diphthonge *ea* und *oa* werden genauer [äə] und [åə] gesprochen, vor Nasalen fast wie [iə] und [uə]; sie kommen fast nur mehr in der bäuerlichen Mundart vor und werden zunehmend durch *ē* und *ō* ersetzt.

Wörterverzeichnis

A

a	1. Fragepartikel (z.B. *a khimst hait?* „kommst du heute?")
a	2. ein (unbestimmter Artikel)
ā	auch
åb-, Åb-	→ *åp-, Åp-*
âbe, âbi	hinab
âbekhīrn	hinunterfegen, wegkehren (= *âchnkhīrn*)
âbelātn	ableiten, schnell trinken (= *âchnlātn*)
âber	1. herab; 2. aber
Āberhâne *m.*	Auerhahn
âbesträfn	Holz ins Tal schaffen
âbewirgn	hastig essen, schlingen, „hinunterwürgen" (= *âchnwirgn*)
abich, nabach	verkehrt, ungeschickt, schlecht, dumm
abichn	umdrehen, verkehren, durcheinander bringen
Âbmp, Âbnd, Âmp *m.*	Abend
âche, âchi, âchn	hinab (= *âbe*)
Ācher(n) *m.* Ācherle *n.*	Eichhörnchen
Ācher *f.*	Ähre
âcher	herab (= *âber*)
âcherkhīrn	herunter-, wegkehren
Āchkhazle *n.*	Eichhörnchen („Eichkätzchen")
Āchn *f.*	Eiche
âchn	(ältere Form von) → *âche*
âchnkhīrn	hinabkehren, hinunterwerfen (= *âbekhīrn*)

âchnlātn	ableiten, schnell trinken (= *âbelātn*)
âchnwålkn	hinunterstürzen, -rollen
âchnwirgn	hastig hinunteressen, -würgen (= *âbewirgn*)
Åchtl, Achtele, Åchtale, -ele *n.*	ein Achtel (insb. Wein)
Åchter *m.*	die Ziffer Acht; (ü.) verbogenes Rad
åcht(ig)n	nachäffen, verspotten, foppen
Ādam unt Ēfa	Lungenkraut („Adam und Eva")
Âdl *m.*	Mist als Dünger, Jauche
Ādla *f.*	Großmutter
af	auf, nach (→ *auf*)
af Khlâgnfurt fârn	nach Klagenfurt fahren (vgl. **4.2**)
Āfl *m.*	Eiter
āflig	eitrig
āfln	eitern
afn	auf dem, am
aft, aftn	nachher
Âgn *f.*	(ungebrechelter) Flachs
aiche, -i, aichn	hinein (= *aine*)
aicher	herein (= *ainer*)
Aierhåkhn *n.*	„Eierhacken" (ein österliches Spiel, die Eier sind mit der Kante einer Münze im Wurf zu treffen)
Aierschwamale, -ele *n.*	Eierschwammerl, Pfifferling
aine, aini	hinein
ainekhīrn	zurückgeben (a.ü. im Sinne von Revanche); hineinwerfen
ainemaiern	sich anbiedern, einschleimen
ainer	herein (auch im Sinne von „nach Kärnten")
wån khimst wīder ainer?	wann kommst du wieder (zu uns nach Kärnten)

ainer<u>kh</u>ēman, -<u>kh</u>ūman	„hereinkommen" (a.ü. im Sinne von „nach Kärnten heim- bzw. zurück kommen", → *ainer*)
ainesâgn	jemandem seine Meinung sagen
ainetāmischn	sich unüberlegt in etwas hineinstürzen (z.B. in eine Liebschaft, in ein Geschäft u.dgl.)
ainetokern	sich in viel Arbeit stürzen, schwer und viel arbeiten
ainetschindern	in etwas hineinfahren, -krachen; kollidieren
ainfädln	einfädeln
ainfrīschn	Schnittblumen mit Wasser versorgen
ainfuatern	das Vieh im Stall in Trögen füttern
aingēn	zu Grunde gehen, verenden, sterben („eingehen")
aingfle<u>kh</u>t (PPP)	„eingefleckt", viele Fünfer („Note 5") im Zeugnis habend
aingwa<u>kh</u>t (PPP)	eingeweicht
ainhâbm	einhalten, festhalten
ainhazn	einheizen; (ü.) auf Trab bringen
sauber ainghazt	auf Trab gebracht (zu hoher Leistung)
ainhōl	nach innen gebogen, konkav
ainklich	eigentlich
Ainmâch *f.*	Einmach, Mehlschwitze (hell)
Ainprēn *f.*	Einbrenn, Mehlschwitze (dunkel)
ainsa<u>kh</u>ln	in Säcke füllen; (ü.) einheimsen
ainsāman	einsäumen
ainschârbm	einschneiden
ainschiasn	den Brotteig zum Backen in den Ofen befördern („einschießen")

ainsträfn	abkassieren, sich etwas aneignen, „einstreifen"
ainwaichn	1. einweihen; 2. (Wäsche) einweichen
ainwa<u>kh</u>n	= *ainwaichn* 2
ainwētn	ein Zugtier einspannen
Aisschiasn *n.*	„Eisschießen", Volkssport im Winter mit dem „Eisstock"
Aisnpâner<u>kh</u>ua *f.*	Ziege (scherzhaft, „Eisen-bahnerkuh")
Aisto<u>kh</u> *m.*	Eisstock zum → *Aisschiasn*
Aizale, -ele *n.*	ein bisschen
Å<u>kh</u>er-īgl *m.*	„Ackerigel", Walze mit Zähnen zur Zerkleinerung von Schollen
a<u>kh</u>rát (Adj.)	genau, peinlich
a<u>kh</u>rát (Adv.)	eben jetzt, genauso wie, ausge-rechnet
Aks *f.*	Achse
auf der Aks	auf dem Fuhrwerk, unterwegs
aksntig, gaksntig, gaksltig	leicht angezogen, hemdärmelig („geachselt")
alán, aláne, -ig	allein
alawánte	schnell, schleunigst
Āle *n.*	Ei (eig. „Eilein")
ålemâl	noch immer
ålewāl, -wail	immer, ständig
åle Rīt *pl.*	alle Augenblicke, immer wieder
Ålm *f.*	Alpe, Alm
Ålmer *m.*	kleiner Wandkasten (für Nahrungsmittel)
Almerle *n.*	Speisekästchen
āln	eilen
åls, ås	als

å(l)s wia	wie
åltvātrisch	alt, unmodern
ålweg, ål(e)wail, -wāl	immer, ständig
amâl	einmal, einst
amént	etwa doch, vielleicht, „am Ende"
Âmasn *f.*	Ameise
Amplaz, Amplez *f.*	Riemengeflecht oder Eisenband, das Joch und Deichsel verbindet
Åmschl *f.*	Amsel
Ânas *m.*	→ *Ânes*
andlat	ähnlich
ān-augat	einäugig
Âna-, Ânewend(n) *f.*	Ackersaum, Feldrand (wo beim Pflügen gewendet wird)
ånderst (Adv.) [-št]	anders
åndremln	übermäßig essen, sich vollstopfen
āne *pl.*	einige, (irgend)welche; unbestimmter Artikel im Plural (z.B. *pring āne Epfl* „bring Äpfel")
anéa	ehe, ohnehin, eben erst
anérst [-št]	zuerst
Ânes, -as, Ōnes, -as *m.*	Anis (in Österreich auf der ersten Silbe betont: *Ánis*)
ånfarbln	anmalen, schminken
ånfrīman	bestellen, anschaffen
ångekultert	dick, stark angezogen (zu *Kulter*)
ångenzn	(eine Packung, Flasche) anbrechen, etwas vom Ganzen wegnehmen („angänzen")
Angerle *n.*	kleine Flur
Ângeziagach *n.*	Kleidung (meist pejorativ)
ån-ghābig	aufdringlich, lästig

Ångl	1. *m.* Stachel der Biene, Wespe;
	2. *f.* (Tür-) Angel;
	3. *m.* Angel (zum Fischen)
ånglek(t)	fertig angezogen
ånglustn	sich Appetit holen
ångsāt	an-, ausgesät
ångsōfn	mit Flüssigkeit angesogen,
	vollgelaufen; (ü.) betrunken
ångstōchn	leicht berauscht, angeheitert
	(„angestochen")
ånhābig	→ *ån-ghābig*
ånhēbm	beginnen, anfangen
Ånhūb *m.*	Anfang
aníader, -de, -ds	jeder, -e, -es; ein jeder, -es, eine jede
Ānizn, Ānazn *f.*	Gabeldeichsel
Anka *f.*, Ankele *n.*	Großmutter; (a.) Hebamme (→ *Enke*)
ån<u>kh</u>lo<u>kh</u>n, -kn	anklopfen
ån<u>kh</u>rāmp(t)	„angeräumt", vollgeräumt
ånlēgn	anziehen, ankleiden
ånneatn	aufdrängen, aufnötigen,
	aufdringlich anbieten
Ånpå<u>kh</u> *m.*	eine tüchtige Hand zum Arbeiten
de håt an guatn Ånpå<u>kh</u>	die ist sehr tüchtig, leistungsfähig
ånpåmpfn	sich anessen; sich zu viel anziehen
ånpipln	sich betrinken
Ånraiser *m.*	Pflüger, Baumann
ånrandnan	herrichten, vorbereiten
ånschwēfln, -schwāfln	anschwindeln, anlügen
Ānser *m.*	die Ziffer Eins, die Schulnote 1 usw.
ånsingan	vorjammern; um Geld bitten
åntampfln	eine Germ-(Hefe-)Teig ansetzen
åntauchn	anschieben
antern	mit Wörtern nachäffen, zurückreden

Åntífe *m.*	Endivie (Salat)
Åntlås † *m.*	Ablass
Åntlåspfinztåg, -tig, -te † *m.*	Gründonnerstag; (a.) Fronleichnam
Antn *f.*	Ente
åntokern	sich zu viel anziehen
ånziagn	anziehen
s ziak(t) si ån	es zieht sich etwas zusammen (vom Wetter)
ånzipfn	auf die Nerven gehen, lästig sein
ånzwīdern	lästig fallen
åp-	ab-
aper	schneefrei
apern	schneefrei werden
åpdīrn	vertrocknen („abdörren")
åp-fīsln	abnagen von Knochen, Fleisch von den Knochen abnehmen u.dgl.
Åpflgschrā *n.*	Art Apfelmus („Apfelgeschrei")
Åpflmandl *n.*, -muas *n.*	gebundenes Apfelkompott, Apfelmus, -brei
åpgedrāt (PPP)	„abgedreht", durchtrieben
åpgeprünan (PPP)	abgebrannt, (ü.) bankrott, pleite, ohne Geld
åpgnüdlt (PPP)	abgenützt, beschädigt
åphausn	„abhausen", abwirtschaften
Åpkhēr *f.*	Bodenwelle, Querrinne (meist zur Ableitung des Wassers)
åpkhīfln	abnagen (→ *khīfln*)
åpkhråzn	„abkratzen", (elend) sterben
åpkhrendln	den Rand des Teiges zackenförmig umbiegen (→ *khrendln*)
åpkhriplt (PPP)	kräftig zwischen den Händen gerieben; (a.ü.) vom Leben gehärtet („abgerippelt")

åplänig	abschüssig
åpmâchn	etwas zubereiten, abschmecken, würzen
åpmūdln	beschmutzen, zerknittern
åpnåpln	abnabeln, nach der Geburt die Nabelschnur abschneiden und knüpfen
åppaitln	abschütteln
åppelzn	einen Teil der Pflanze abschneiden, um ihn wieder einzusetzen
åpplotschn	die Plotschn (große Blätter, Deckblätter der Krautköpfe usw.) abbrechen und entfernen
åppūsln	(ab)küssen
åpräman	abräumen, wegräumen; (ü.) gewinnen
åpsaiern	absäuern, sauer machen
åpschmålzn	"abschmalzen", mit Fett übergießen bzw. in Fett wenden
åpschnūdln	abschlecken; leidenschaftlich, ausgiebig küssen
åpspēnan	→ *spēnan*
åpsträfn	abstreifen, entkleiden
åptraibm	"abtreiben", so lange rühren, bis die Masse schaumig und locker wird
Åptrīb *m.*	durch "Abtreiben" entstandene Masse
åptschapírn	das Weite suchen, flüchten
åpwålkn	abstürzen, abrollen
Årbasn *f.*	Erbse
Årbat *f.*	Arbeit
årbatn	arbeiten
Årl *f.*	Pflug (älteren Typs)
Årschler	ein sich von rechts nach links drehender Eisstock
årschlings	rücklings

ås	→ *åls*
Ās *n.*	Abszess, Ass
Ās *f.*	As (Spielkarte)
Âsach *n.*	(hölzernes) Milchgeschirr, -gefäß
Âsat(le) *n.*	ein Hohlmaß, kleines Gefäß, Topf
åstn(an)	verschwenden (= *ūrasn*); schelten, zanken, sich aufregen
Âtn, Nâtn *m.*	Atem
Âtnstān *m.*	„Atemstein", Stein zur Regulierung der Zugluft beim Backofen
Auf, Mauf *m.*	oberstes Stockwerk, Dachboden (Oberkärnten)
auf de Nåcht	am Abend, abends
aufdrān	aufdrehen; (ü.) sich aufregen, einen Wirbel machen
aufe, aufi	hinauf
aufe<u>kh</u>ra<u>kh</u>ln	hinaufkriechen
aufe<u>kh</u>raksln	hinaufklettern
aufer	herauf
aufgegrēdnet, -greadnet	aufgeschichtet (→ *Greadn, Grēdn*)
aufghåltn	behalten
aufglek(t)	aufgelegt
guat aufglek(t)	gut aufgelegt, guter Laune
aufhausn	den Hof gut bewirtschaften (mit Gewinn)
aufhīfln	Heu auf den → *Hīfl* legen
auf<u>kh</u>laubm	aufheben (vom Boden)
auflīsnan	mithören
aufpūdln	sich aufregen
aufschraufn	aufdrehen, aufschrauben
aufschrēfln	Holz dünn aufspalten
aufstaikln	ein Garbenbündel aufstellen (→ *Staikale, -ele*)

aufstakern	Speisen auf dem Teller mit Löffel und Gabel zerteilen (v.a. für kleine Kinder)
aufzaitign	reifen, zum Reifen bringen
aufziachn	aufziehen, provozieren
Augnzân, -zânt *m.*	Eckzahn (v.a. bei Kindern)
Au<u>kh</u>n, -k- *f.*	Kröte, Unke
ause, ausi, ausn	hinaus
ause-, ausnziachn	hinausziehen, -zögern
ausefârn	„hinausfahren" (auch im Sinne von „Kärnten verlassen")
ausepaisn	weg-, hinausekeln („hinausbeißen")
auser	heraus
ausergapert	ausgeapert, schneefrei geworden
ausergmausert	sich gut entwickelt
auserluksln	abluchsen, erbetteln
ausfīsln	Hülsenfrüchte enthülsen (a.ü.)
ausfratschln	(neugierig, aufdringlich) ausfragen
ausgåzn	verspotten
ausgepâchn	„ausgebacken"; (ü.) munter
ausgschâmt	schamlos, unverschämt
Ausgschau *n.*	Unordnung (vgl. *ausschau[g]n*)
ausgschīsn	das Vertrauen, die Freundschaft verloren („ausgeschissen")
ausgwekslt (PPP)	„wie ausgewechselt", übermütig
aus<u>kh</u>ēman	„auskommen", zurechtkommen; entgleiten
ausrāfn	ausraufen
ausrichtn	mitteilen; jemanden schlecht machen
ausschau(g)n	„ausschauen", aussehen
ausspazn	einen Baum entästen, Nebenäste abhacken
Auswårt, -wart *m.*	Frühling

Auszīgler *m.*	Auszügler (Altbauern im Ausgedinge); auseinander gezogener Krapfen
Auszīrung *f.*	Auszehrung (infolge von Krankheiten, insbes. Tuberkulose)
Auszūg *m.*	Ausgedinge
Auszügsstībl *n.*	Auszugsstube, Wohnraum der „Auszügler"
auszuzln	aussaugen
Auter *m.*	Euter
âwe, âwi (= âbe, âbi)	hinab
áwo, awó	irgendwo

Klåg

Wånns nåchn Hergott gången war,
war ålls gånz leicht und går nit schwar.

Mir kenntn nåckat umalafn,
umsunst war ålles, wås ma kafn,
gsund war ma, schen und ewig jung
und wo heit bremst, war ålls in Schwung!
In ålle Språchn kennt ma redn
und a vastehn tat ma an jedn.

So hetts in Ånfång werdn solln,
do unsre Nåchbårn håmbs nit wolln!
Es is dånn kummen, wias håt miassn
und mia, de Karntna, miassns biaßn!

(aus: Tuschar, Mir san mir –
De Karntna Gschicht in mundartlichen Reimen)

P (B)

Im Kärntnerischen gibt es – wie ganz allgemein im Bairisch-Österreichischen – im Anlaut nur p-, daher sind alle Wörter vereinheitlicht worden.

Pâchet *n.*	Backschmalz (aus verschiedenen Fetten unter Zusatz von Butterschmalz)
pāchlwårm	lauwarm, angenehm warm
Pâchmolter *f.*	längliches Holzgefäß zum Backen, Backtrog (vgl. Molter)
Pâchn *m./f.*	Bache, Speck im Ganzen von einer halbierten Sau
pâchn	backen
pāde, peade	beide
pāds Tāl *n.*	beide Teile (eig. „beides Teil")
pagschírig	niedlich, possierlich, keck
Paie *f.*	Biene
Paier *m.*	1. Quecke (Ackerunkraut)
Paier (alt *Pār*) *m.*	2. Baier (dt. Stamm); Bayer (Einwohner Bayerns)
Pail, Pāl *m.*	Holzpfropfen für das Spundloch
pailfōl	randvoll
painånt	beieinander, zusammen; (ü.) gesund, in Ordnung
Painfålter *m.*	Biene
Painhītn *f.*	„Bienenhütte"
Paintn *f.*	umzäunte Hutweide (meist für das Jungvieh)
Painvâter *m.*	Imker („Bienenvater")
Painvēgl *pl.*	Bienen („Bienenvögel")
Paisach *n.*	(beißender) Ausschlag

Paischl *n.*	Beuschel, Lüngerl
	(Gericht aus Lunge und Herz)
Paitl *m.*	Gauner; Hodensack
paitln	schütteln, beuteln, rütteln
Pakásch *f.*	Gesindel, Pack („Bagage")
pakhlán	kleinweise
Paktle *n.*	Päckchen
påkhn	packen
ane påkhn	eine Frau mit mehr oder weniger
	sanfter Überredungskunst mit Erfolg
	zum Beischlaf bewegen
Palatschínkn *f.*	Pfannkuchen
palbírn	rasieren („barbieren")
Pålfn *m.*	Fels (Oberkärnten)
Palúdra *f.*	dünne Suppe; schlechtes Getränk
Pām *m.*	Baum
Pāmgårtn *m.*	Obstgarten, „Baumgarten"
Pāmhakhl *m.*	(großer) Specht
Pāmkhlokher *m.*	Specht
Pāml *n.*	Bäumchen
Pāmpårt *m.*	Baumflechte
Pampe *m.*	Brei, Mus; breiige Speise, dicke Sauce
Pāmpech *n.*	Harz (vom Baum), „Baumpech"
Pāmpekh(er) *m.*	Specht
Påmpf *m.*	Brei, Mus; breiige Speise, dicke Sauce
påmstig	alt, welk; geschwollen
pan	beim
Pān, Poan *n.* (Pāner *pl.*)	Bein (Knochen)
Pandl(e) *n.*	Band
Pånkh *f.*	Bank, Sandbank,
	Furchenbank
Pånz *m.*	Pansen
Pånzker, Ponzker *pl.*	große Bohnenart

Pånzn *m.*	lästiges, kleines Kind; (ü. aus weiteren Bedeutungen:) großer Bauch, große Trommel
Påp *m.*	breiige Masse, Klebstoff
papá	auf Wiedersehen (kindersprachlich, vertraulich)
Papale, -ele	Kinderbrei
Papm	Mund (pejorativ)
de Papm z(er)raisn	schlecht über jemanden reden
Paradáis *f.*, Paradáiser *m.*	Tomate
Pårg *m.*	verschnittener Eber
Pargale, -ele *n.*	Ferkel; verschnittener Eber
Pargl *m./n.*	männliches verschnittenes Schwein, (a.) Ferkel
parman	jammern, sich vor Schmerz (oder Zorn) krümmen
Partale, -ele *n.*	1. kleine → *Pårtn*; 2. Trenzbarterl, Lätzchen
Partl *m.*	Krampus; Bartholomäus
Pårtn *f.*	Hacke, Beil
Pårtwisch *m.*	Handbesen
parzn	sich strecken, (ü.) sich ausruhen
Pās *f.*	Lauer
Pasándl, Prasándl *n.*	Basilikum
Pasétnkhorb	→ *Prasétnkhorb*
Pāslpīr, -per *f.*	Sauerdorn, Berberitze (auch → *Fāslpīr*)
pāsn	passen, warten, lauern
Pāter *m.*	→ *Gepāter*, *Pranter*
Påtsch, Pâtsch *m.*	ungeschickter Mann, gutmütiger Mann
Patschale, -ele *n.*	verschnittenes Schwein
Påtschale, -ele, -â- *n.*	unbeholfenes Wesen (v.a. von Kindern)

påtschat	schwerfällig, langsam
Patsche *m.*	Eber; (a.) verschnittener Eber
Påtsch(n) *m.*	Hausschuh, Pantoffel; Autopanne (platter Reifen)
påtschn	ein klatschendes, schallendes Geräusch machen
Paumån *m.*	„Baumann", Pflüger
paun(an)	bauen; das Feld bebauen, pflügen
Pauzaig *n.*	„Bauzeug", Gerät zum Ackern und Eggen
Pāwer † *m.*	Bauer (heute meist *Pauer*)
Pāz *f.*	Fleischbeize
pazl	bisschen
peade	→ *pāde*
Peadl *m.*	kleiner Bub; Bengel
Pean(d)lan *pl.*	Bohnen
peas	böse
pease Wābm *f.*	böse (zänkische, meist ältere/alte) Frau
Pēdner *m.*	Bödner, Bodner (Bauer auf dem Talboden)
pēgln	bügeln
pegrüse	begrüße (Sie) (→ **7**)
peguatn	schön tun; trösten; beischlafen
Pe<u>kh</u> *m.*	Bäcker
Pe<u>kh</u> *pl.*	schwere, derbe Schuhe („Böcke")
pe<u>kh</u>n(an)	brünstig sein (von der Ziege) („böcken")
Pelzale, -ele *n.*	zum Wiedereinsetzen abgeschnittener Teil einer Pflanze (vgl. *åppelzn*)
pelzn	veredeln; großziehen
pempern	beischlafen
Pemsl *m.*	Pinsel
Pengl *m.*	Flegel

Penglkhepf *pl.*	verdickte Astenden
penzn	unbedingt etwas haben wollen (von Kindern), ertrotzen, etwas durchsetzen wollen
Pepl, Pepale, -ele *n.*	Knospe; Nase
Pēr *m.*	1. Bär; 2. männliches Schwein, Eber
Percht *f.*	weibliche Brauchtumsgestalt um die Weihnachtszeit (v.a. am Nikolaustag)
Perchtn *pl.*	hässliche Masken
Perg *m.*	Wald, Berg
Pergerlaub *n.*	das Laub (Wacholder, Efeu, Immergrün) der → *Vīrpergler*, das diese an Hut und Kreuz anbringen
Pergler *m.*	Bergbewohner, Bergbauer
Perkl *m.*	Kartoffel (Lavanttal)
Persch *m.*	Bursche, junger Mann
Pertram *m.*	Estragon
Pēter-, Peatersil *m.*	Petersilie
petriagn	betrügen; geistern
petschírn	versiegeln; (ü.) jem. in eine unangenehme Lage bringen
i pin der petschírte	ich bin der Gelackmeierte
pet-schwār	„bettschwer“, müde
Pezl *m./n.*	1. verschnittenes Schwein; 2. Kater (→ *Poz*); 3. kleiner Bub
pf-	s.a. *f-*
Pfād, Pfoad *f./n.*	Hemd („Pfeid“)
Pfâfnkhapalen, -elen *pl.*	Pfaffenhütchen (Pflanze)
Pfaifâlter *m.*	Schmetterling, Falter
Pfaifalterle *n.*	Schmetterling, Falter
pfaifn	pfeifen; (ü.) schlafen, dösen
Pfâker *m.*	dicker Brei; Mischmasch
pfâkern	patzen, schmieren

Pfân(a) *f.*	Pfanne
Pfandle *n.*	Schöpflöffel; (eig.) kleine Pfanne
Pfanzl, Pflanzl *n.*	eine bestimmte Art von Pfannkuchen ("Pfannzelte")
Pfarf *m.*	Pferch
Pfårm, -n *m.*	Farn
Pfeferóni *m.*	Peperone
Pferscha(ch) *m.*	Pfirsich
pfiat Gŏt, pfiati	Adieu, auf Wiedersehen (Abschiedsgruß, → **7**)
pfiatn(an)	sich verabschieden
Pfinkståg, -te, -ti(g) *m.*	Donnerstag
Pfinzti(g) *m.*	= *Pfinkståg* (Lesachtal)
Pfitschale, -ele *n.*	eingebildetes, flatterhaftes Mädchen
Pfizn, Pizn *f.*	Pfütze, Lache, feuchte Stelle, nässender Ackergrund
pflanzn	zum Narren halten
Pflanzl *n.*	→ *Pfanzl*
Pflåtsch *m.*	größere Menge
pfleastern, umerpfleastern	untätig herumsitzen
Pfoad	→ *Pfåd*
Pfream *m.*	Pfriemen
Pfrenger *m.*	Käfig, Pferch
Pfrīln *f.*	Pfrille, Elritze (Fisch)
pfukazn	kichern, leicht lachen; in Lachen ausbrechen
Piable *n.*	Knäblein, kleiner Bub (a.ü.)
Piast, Pīst *m.*	erste Milch der Kuh nach dem Kalben
Pias(t)milch *f.*	= *Piast* 2
Pīchl *m.*	Hügel, Bühel

Pīfke *m.*	Norddeutscher, (seltener auch) Bundesdeutscher (Schimpfwort)
Pīgl *m.*	Gelee, Gallert aus gesottenen Knochen; (a.) Tabaksaft; stinkender Knochensaft (wird gegen Fliegen verwendet)
pikat	klebrig, harzig
pikn	kleben
Pīler *pl.*	hartes Zahnfleisch des zahnlosen alten Menschen
Pilg-oale, -āle *n.*	Ei, das man im Nest lässt
pīln	schreien
Pimpe *m.*	Penis
Pindsāl *n.*	„Bindseil" (zum Niederbinden des Wiesbaumes)
Pīne *f.*	„Bühne", Bretterboden, Dachboden (im Stadel; Lesachtal)
Pinkale, -ele *n.*	kleiner Ballen (im Tuch eingeschlagen)
Pinkl *m.*	Beule, Bündel; Sack (von ca. 70 kg Mehl)
Pi(n)zker *m.*	großer bauchiger Topf
Pipale, -ele *n.*	Kücken, junges Huhn
Pipm *f.*	Wasserhahn; Tabakspfeife
pirkan, -en (Adj.)	aus Birkenholz, Birken-
de Pirkane, -ene *f.*	Birkenrute
Pirl (f./m.)	Heuboden der Tenne, oberster Boden des Futterhauses; überdachter Gang am Heustadel
Pirntålkn *pl.*	Gericht aus geriebenen, getrockneten Birnen
Pirsch *f.*	Jagd
pirstln [-š-]	über den Durst trinken
Pīsas *m.*	Maikäfer, Engerling

pīschn	pissen
Pīschn *pl.*	Blumen, Blüten; (a.) Büsche
Pīschntēgl *m.*	Blumentopf
Pīsgurn *f.*	böse, bissige Frau
pīsl, a pīsale, -ele	ein bisschen
pīsln	Reißaus nehmen, flüchten
pīsnan	mit einer Rute schlagen (am Tage der unschuldigen Kinder)
Pīst	→ *Piast*
Pitschale, -ele *n.*	1. Schnapsfläschchen; 2. = *Pfitschale, -ele*
Pitschn *f.*	tragbares Wasser- oder Schnapsgefäß
Pizent, Pizant *n.*	Weg zwischen zwei Zäunen oder Mauern
Pizl(e) *n.*	kleiner Rest, kleines Stück; kleiner Penis
pizlig	pedantisch, genau
Pizn	= *Pfizn*
plâb †	blau
plâbalat	bläulich
plāchn	bleichen
Plâchn *f.*	Plane
plain(an)	(durch)bleuen, (aus)schlagen; (a.) ausquetschen
plān	blähen
Plånkn *f.*	Bretterwand
Plåper(n) *f.*	Mund
plåpern	plappern, viel reden
Plâse *m.*	Wind; Blasius
plâsn	blasen; süffeln
Plâter(n) *f.*	Blase
plâterat	Blasen aufwerfend

71

Platl(a)n *pl.*	handflächengroße, längliche, dünne Fladen (flaches Gebäck); Blätter
platlvōl	voll bis an den Rand
Platschérn *f.*	1. großes Blatt; Pfütze (einer Flüssigkeit); 2. = *Pletschérn*
Plauer (der Plaue) *m.*	(vormals) 1000 Schilling-Banknote; blauer Brief; Schwänzen (der Arbeit)
Plaukhraut *n.*	Rot-, Blaukraut, -kohl
Pleabale, -ele *n.*	Blaumeise
plead	ohne Würze, geschmacklos; blöde
pleakazn	1. blinzeln, zwinkern; 2. herscheinen (Sonne)
Pleamle, Pliamle *n.*	Blümchen
Ple(a)mpe, -mpl *m.*	unbeholfener, ungeschickter, einfältiger Mensch
Pleapm *f.*	Mund (abfällig)
Pleapern *f.*	Mundwerk
pleapern	schwätzen, quatschen, plappern; plätschern
pleaschk(l)n	kauen
Pleazn *f.*	Blessur (Verletzung), Wunde
plempern	trödeln, Zeit vergeuden
Plentn *f.*	Polenta
Plerénke *m./f.*	weinerliche Person (v.a. Kind)
plērn	weinen, heulen
plēschn	ausschlagen (z.B. Getreide)
Plēschn *f.*	großer Acker
Pletschérn, Platschérn *f.*	großflächige Wunde
Pletschn *f.*	1. Hautflecken, Schwellungen (nach Blessuren); (a.) Medaille, Auszeichnung; 2. = *Plotschn*
Plia *pl.*	Blüten, Blumen
Pliamle, Pleamle *n.*	Blümchen

plian(an)	blühen
pliatn	bluten
plindern	übersiedeln; (a.) dreschen („plündern")
Plindersto<u>kh</u> m.	Block, über den die Garben geschlagen werden, um die Körner auszu„plündern"
Plinsn f.	knuspriges, dünnes Fladengebäck
Plīsn pl.	Koniferennadeln
ploas	bloß, nackt
ploa(s)fuasat	barfuß
Plōch m./n.	Rundholz, Block, geschlägerter Baumstamm
Plōchgreadn f.	Holzstapel, aufgestapelte Holzstämme
Plōchtrūchn, -trūgn f.	Truhe, aus einem Stück gefertigt (ausgehöhlt)
ploien	schlagen
Plotschn f.	großes Pflanzenblatt
plotschat	wohlgenährt, fett
Pluamach n.	getrocknete Heublumen
Pluaman f.	Blume
Pluattrepfle n.	„Bluttröpflein", Kohlröschen (Pflanze)
Plunzn f.	Blutwurst
Pluzer m.	Kürbis; (ü.) Krug aus Ton, (großer) Topf
Poan n.	→ Pān
Poan(an) f.	Bohne
Poanrachale, -ele n.	Bohnenstange
Poanschadl n.	Bohnenschote
Poapazlan pl.	Knospen; (ü.) weibliche Brüste
poaschkat	widerspenstig, störrisch
Pōdn m.	Boden; Talboden
Pōfl m.	1. minderwertiges Zeug; 2. Heu der dritten Mahd (Lesachtal, sonst meist Ink<u>h</u>ale, -ele)

Pogánzn † *f.*	eine Mehlspeise
Pogátschn *f.*	ein Weißbrot
Pōgratn, Pōgreatn *f.*	Bretterbett, Lagerstätte
pokhpānig	„bockbeinig", widerspenstig
pokhn(an)	nach dem Bock verlangen (von der Ziege); (ü.) den Beleidigten spielen
Pokhschlītn *m.*	einfacher Schlitten
Poksherndlan *pl.*	Johannisbrot („Bockshörnchen")
Polétn *f.*	Mautschein
Polsn *f.*	Heuschlitten; kufenartige Bretter unter dem Heufuder
Polsterzipf *m.*	drei- oder viereckige schmalz-gebackene,mit Marmelade gefüllte Mehlspeise
pomále, pomálig	langsam, still, vorsichtig
Pomarántschn † *f.*	Orange
Ponzker	→ *Pånzker*
Poper, Popa *m.*	Kind (meist pejorativ, urspr. Puppe)
Popagetschentschach *n.*	Kleinkindergeschrei, Kindergeraunze
Popale, -ele *n.*	Säugling, Kleinkind; (a.) kleines Büschel Getreide
Popezn *f.*	Knospe
Pōre *m.*	Porree, Lauch
Poretsch *m.*	Gurkenkraut
Porz *m.*	kleiner Baum
Porzach *n.*	Jungwald
pōsln	Unfug treiben
Pōsn *m.*	mutwilliger Streich („Posse")
zan Pōsn	zu Fleiß, boshaft
Posniák *m.*	1. semmelartiges Gebäck aus Roggenmehl mit Kümmel; 2. Einwohner von Bosnien
Pōsnīgl, -nikl *m.*	boshafter Mensch

Pōting *m.*	Bottich
Potízn *m.*	Potitze (eine Mehlspeise)
Pōtsch	Kinderpopo
potschásn, pa-	langsam
Potúk<u>hl</u>, -k- *m.*	beschränkter, ungehobelter Mensch; Hinterwäldler (Schimpfwort)
windischer Potú<u>khl</u>	(arges Schimpfwort für Bewohner des zweisprachigen Unterlandes)
Poz *m.*	Kater
Prain *m.*	(urspr.) Hirse-, Gerstenkörner, (a.) polentaähnlicher Brei
Prais *m.*	Preuße, (ü.) Norddeutscher
praisln	Nudelteig eindrehen
Praker *m.*	Teppichklopfer
Praksn *f.*	Hackmesser, kleine Hacke
Prāman, Prēman *f.*	Bremse (Pferdefliege)
Prånd *m.*	„Brand", Kater (nach einem Gelage)
prandig	einen Brand habend
prandln	viel zahlen („brandeln"); zündeln
Prantale, -ele *n.*	Rotschwänzchen, Brandvogel
Pranter, Pāter *m.*	Oberboden der Scheune
Prasándl	→ *Pasándl*
Prasétn-, Pasétn<u>k</u>horb *m.*	Rundkorb mit Weißgebäck zur Taufe
Prasílkum *n.*	Basilikum
Pråzn *f.*	Hand, Unterarm (scherzhaft oder pejorativ); Pfote
Preasl *m./n.*	Brösel
Preaslan *pl.*	Brösel
Prēchl *f.*	(Flachs-)Breche
Prēfale, -ele *n.*	Art Amulett, Anhänger (für Kinder)
Pre<u>kh</u>le *n.*	kleiner Brocken (a.ü.)
Prēman	→ *Prāman*
Prēnach *n.*	Einbrenn, Mehlschwitze
Prēner *m.*	(brennender) Schmerz

Prentler *m.*	Senn; (heute meist) einer, der *prentln* (2) geht
Prentlerin *f.*	Sennerin
prentln	1. eine Almwirtschaft als Senn(erin) betreiben; 2. fensterln, Mädchen nächtliche Liebesbesuche abstatten
Presándl, -sádl	→ *Pasándl*
presírn	eilen, drängen
Prētljausn *f.*	„Brettljause", auf dem Brett servierte Jause (etwa mit Speck, Käse, Hartwurst, Braten, Butter, Brot und Schnaps)
prezln	brennen, donnern
priafn	prüfen
Prialing *m.*	junges Mastschwein, einjähriges Schwein
Prīgl *m.*	Prügel, unförmiges Aststück; (ü.a.) Gewehr
Printsche, Printschn *f.*	angebrannte, klebrige Kruste am Kochgeschirr
Printschling *m.*	Blindschleiche
pritschat	dumm
pritschln	plantschen
prōdln	trödeln; Unsinn reden
prokhn	pflücken, einsammeln (Beeren, Pilze u.dgl.)
Prōmper *f.*	Brombeere (→ *Mūrn*)
Propst	junger Trieb der Nadelhölzer
Prōtrēbm *f.*	aufgehängte Brotstellage
prozn	störrisch, verdrießlich sein
pruatn	brüten
Prukn *f.*	Brücke
Prūn(an) *m.*	Brunnen
Prunftkhigalan, -elen *pl.*	Hoden („Brunftkügelein")

Prūnpām	„Brunnenbaum", Rundholz, aus dem ein Wasserleitungsrohr gemacht wird
Prunze *f.*, Prunz(l)ach *n.*	Harn, Urin
Prunz<u>kh</u>âchale, -ele *n.*	Nachttopf
Prunz<u>kh</u>âchl *m.*	Nachttopf
prunzn	urinieren
Prunzpūschn *m.*	Vulva
pschīsn	betrogen („beschissen")
Psuach *m.*	Besuch
Psuacher *m.*	Besucher
psuachn	besuchen
Psūf *m.*	Säufer
psūnan	besonnen
Psīch *f.*	Frisiertisch (Psyche)
Pua *m.*	Bub, Knabe, Junge; jüngster Knecht auf dem Hof; Kerl
Puaklat † *m.*	vorderer Teil des Heufuders (Mölltal)
Puam(an) *pl.*	Plural zu → *Pua*
Pūdale, -ele *n.*	(flaschenförmiges) Schnapsglas (meist 1/16)
Pūdl *f.*	Laden-, Schanktisch
unter der Pūdl ver<u>kh</u>âfn	„unter der Budel" (schwarz) verkaufen
Pūdlhupfer *m.*	Verkäufer (scherzhaft, abwertend)
Pufn *f.*	Pistole
Pukl *m.*	Rücken; Buckel
le<u>kh</u> Pukl	Kärntner Variante des Götzzitates („leck Buckel")
puklat	bucklig
puklfinfer(l)n	gern haben (ironisch), in Ruhe lassen
Pukl<u>kh</u>raksn *f.*	Rucksack, Rückentrage; (ü.) kleine Kinder wie eine Rückentrage tragen
Puklzāna, -e *f.*	Rückenkorb, geflochtener Rückentragkorb

Puklzeker *m.*	Rückenkorb
pukn	bücken
Pukspām *m.*	Buchsbaum; Alpenrose
Pumper *m.*	Kürbis; große Flasche
pumpern	klopfen
Pumrēbm *f.*	Gundelrebe
Pumperzâner *m.*	ausgehöhlter Kürbis, der wie ein „zahnendes" Gesicht aussieht (vgl. *zânan*)
punkat	voll, fest, dick, beleibt; schwanger
punznfōl	übervoll
Pūre *m.*	Porree, Lauch (= *Pōre*)
Purpelizn † *f.*	Klatschmohn
Puschkawḗtl *n.*	Blumenstrauß; Gewehr
Pūschn *m.*	Strauß, Büschel (die man sowohl bei der Dachgleiche als auch bei Mostschenken aushängt); Blumenstrauß, Gesteck
Pūsl, Pūsale, -ele *n.*	Kuss
pūsn, pūsln	küssen
Pūtn *f.*	1. Bütte, Tragkorb am Rücken bzw. hölzernes ovales Traggefäß, Flasche; 2. einfältige Frauensperson
Putsch *m.*	Gefäß (plattgedrücktes Fässchen mit Trinkröhrchen)
Putsch(k)n *f.*	Kerngehäuse beim Kernobst (Äpfel, Birnen), das man beim Essen übriglässt
Putschn *f.*	Fass
Puz *m.*	Polizist, Gendarm (abwertend)
Puzale, -ele, Puzi *n.*	Baby, Neugeborenes
Puzn *f.*	Kerngehäuse des Apfels; geschnürtes Ende des Sackes

D,T

Im Kärntnerischen werden im Anlaut d und t oft verwechselt, daher sind alle damit beginnenden Wörter in der alphabetischen Anordnung vereinheitlicht worden.

a, der [də]	der
dâ	da, hier
Tabák	Tabak
Dâchkendl *f.*	Dachrinne
Tâchn *f.*	Dohle (eine Vogelart)
Tåchtl *f.*	Ohrfeige
Dâchträf *m.*	„Dachtraufe", Dachrinne
dâda	da, hier (verstärkend)
Tâf *m.*	Taufe
tāfn	taufen
Tāg *m.*	1. Teig; 2. guten Tag (→ **7**)
Tāgmolter *f.*	Teigtrog
Tāgverhåkhtes, -håkhats *n.*	Eiergerstl aus Nudelteig, Reibteig („Teigverhacktes")
dahám	zu Hause, daheim
Dahám *n.*	das Zuhause
dahérgōdln, -goadln	unartikuliert sprechen, durcheinanderreden
dai	dein
Taischschlēgl *m.*	breitblätteriger Rohrkolben (Pflanze)
Taicht *m.*	Teich
Taifl *m.*	Teufel (auch abfällig als Schimpfwort)
Taifl aine, zan Taifl	zum Teufel (als Fluch)
taifln	„teufeln", schnell laufen (v.a. hin und her), ausgelassen sein (von Kindern)
dâ-ig	hiesig, in dieser Gegend heimisch = *dâsig*)

Taikes *m.*	Teufel (verniedlichend, Tabuwort statt *Taiksl*)
Taiksl, Daiksl	Teufel (Tabuwort); (ü.) Kerl
Daiter *m.*	Anstoß, Zurechtweisung, „Deuter"
Takhn *f.*	Fußabstreifer aus geflochtenem Material
Taksn *f.*	Zweig von Nadelbäumen
Tāl *m.*	Teil, Anteil
Tāl *n.*	Teil eines Gegenstands, Kleidungsstücks; Bestandteil
dåldern	daherplaudern
Dåldra *f.*	tratschsüchtige Frauensperson
tålkat	ungeschickt, zaghaft
Tålkn *pl.*	gekochter Hafer-, Gersten- und Bohnenschrot (= *Munkn*); (a.) zerkleinerte Birnen
Dām *m.*	= *Daum(an)*
Tām *m.*	Dampf
Tåmer *m.*	→ *Tåmp*
tāmisch	närrisch, verrückt
Tāmnūdl *f.*	Dampf-, Dunstnudel
Tāmnūdlmolterle *n.*	längliche Holzschüssel zur Bereitung von → *Tāmnūdln*
Tåmp *m.*	Pferch, Almviehstand; verlegbarer Schafpferch
Tåmpf-, Tampflkhībl, D- *m.*	Holzkübel (zum Aufgehen des „Dampfls")
Dampfl, Tampfl *n.*	Sauerteig (zum Brotbacken), Vorteig (für Germ- bzw. Hefeteig)
tān, tuan	tun
dâne, dâni	weg, fort (auf die Frage „wohin?")
dâner	weg, fort (auf die Frage „woher?")

tångln	dengeln, Schärfen der Sense durch Klopfen mit dem Hammer auf einer ambossartigen Unterlage
Tånglsto<u>kh</u> *m.*	Dengelstock (Gerät zum Dengeln, → *tångln*)
Tanz *pl.*	Faxen, Dummheiten, Widerspenstigkeiten, Sonderwünsche
Tåper *m.*	Spuren eines Fußtrittes (auf dem Boden, Weg); Finger(abdruck)
Taperlan *pl.*	Spuren kleiner Kinderschritte
Darm *pl.*	Gedärme
dārn	→ *dērn*
Dārn *f.*	Dörre
dås, (e)s	das
dâsig	hiesig (= *dâ-ig*)
tāsig	ruhig, still, in sich gekehrt, niedergeschlagen
Tāsn *f.*	1. = *Taksn*; 2. Dörrsparren unter der Decke der Rauchstube (a. *Dāsn*)
Tātl, Dātl *m.*	alter Mann, Greis
taugn	gefallen, bekommen („taugen")
s taugt mir	es gefällt, bekommt mir
Daum(an), Dām *m.*	Daumen
Tazl *n.*	kleiner Teller, Untertasse
tazln	das Spiel *Tazln* spielen
Tazln *n.*	Spiel mit den Fingern (es ist der ausgestreckte Mittel- und Zeigefinger des Gegners mit seinen eigenen zu treffen; in Wien „patzeln"; Kinderspiel)
Tazn *f.*	Untertasse, Tablett
dē	diese, die

deachl, teachl	dort drüben
Teadin, Tēdin *f.*	„Tödin", weibliche Personifikation des Todes
Teadling *m.*	„Tödling", lebensunfähiges Neugeborenes
Deandle, Diandle *n.*	Mädchen
Deanst *m.*	Dienst
dechter	wohl, doch
dēgane	dieser, der-/diejenige
dēge	dieser
Tēgl *m.*	1. Tiegel; 2. (ü.) unbeholfener, ungeschickter Mensch, Tropf
Tekhle *n.*	kleines Getreidemännchen (Diminutiv zu →*Tokhn*)
Tekhn *f.*	Schreibheft, Schulheft
Deksl *m.*	hammerähnliches Aushöhlgerät mit halbrunder Schneide, kleine krumme Hacke
demig	schwül
Tēn *m.*	Tenne
tenk	links
tenkat	links, linkisch
tenkisch	linkshändig
Tēnpōdn *m.*	Tennboden
tepat	dumm
Tepscher *m.*	Hieb, Delle (a.ü.)
der- [də-]	= er- (ma. *der-*)
derfångan	erfangen, erholen
tēr	widerspenstig, störrisch, unempfindlich
terfn	dürfen
derfolgn	nachkommen, nachfolgen
dergâtern	ergattern, etwas bekommen

derglānan	beschwindeln, überlisten
derglengan	erreichen, ergreifen, erlangen
derhâbm	gerade noch festhalten
tērisch, dērisch	schwerhörig, taub; (ü.) nicht hören wollend
der<u>kh</u>ēman	erschrecken
derlempert	zerlumpt, abgerissen
dermartern	plagen, quälen
dermartert (PPP)	verletzt, gebrochen
dermeakert	zerbeult
dermotschkert (PPP)	zerdrückt
dērn, dārn, dīrn	dörren, „dürr" machen
derpå<u>kh</u>n	zu etwas fähig, in der Lage sein, vollbringen können, stark genug sein für etwas
derprēslt, -preaslt	verunglückt
derrapln	sich erholen
derrâtn	erraten
derschme<u>kh</u>n	erschmecken; (ü.) erraten, Verborgenes herausfinden; auf den Geschmack kommen
derschnaufn	genug Atem haben (bei Anstrengungen u.dgl.); etwas zu Stande bringen
dersēchn, -sēgn	erblicken, erschauen
derstēsn, -steasn	viel zu tun haben; einen Unfall haben
dertåpm	erwischen
dertâtert	verdattert, niedergeschlagen, entmutigt, erschrocken
dertelpert	mehrfach übereinander geflickt
dertepscht	verbeult
dertruzn	ertrotzen
derwāl	während, einstweilen, inzwischen
Derwāl *m.*	verfügbare Zeit

Derwál hâbm	genug Zeit haben
derwégn	trotzdem, eben deswegen
derwīrn	erwehren
derwīschn	erreichen, erwischen
derwūschn *oder* derwīscht	PPP zu *derwīschn*
Terz *m.*	junger (dreijähriger) Ochse (urspr.: der im Alter von drei Jahren kastriert wurde)
derzēln	erzählen
dēs, ēs	ihr
desparát [-šp- *oder* -sp-]	sprachlos, überrascht, verzweifelt
tētn(an)	saugen
Tetschn *f.*	1. Ohrfeige; 2. Puppe, Kind (v.a. Mädchen)
Dian *f.*	Magd
Diandle, Deandle *n.*	Mädchen
Tīfe *f./m.*	→ *Entīfe*
dikhe Milch *f.*	unversprudelte Sauermilch
Tīl *m.*	Dille
Tīmas †, Tīmian *m.*	Thymian
Tipl *m.*	1. Beule, Geschwulst (v.a. nach Insektenstichen); 2. Dummkopf
Tirkn *m.*	„Türken", Mais, Kukuruz
Tirknfēder, -fiader *m.*	Deckblatt des Maiskolbens
Tirknsterz *m.*	Sterz aus Maismehl
Tirkntschurtschn *f.*	Maiskolben
Dīrling *m.*	Dürrling, dürrer Baum (insb. Fichte)
dīrn	→ *dērn*
dirstig [-š-]	durstig
tischkerírn	plaudern
Tischkúr *m.*	Gespräch („Discours")

tischln, tischlern	Tischlerarbeit verrichten
Tisputát *n.* [-š-]	Wortwechsel
tisputírn [-š-]	disputieren
Title *n.*	Brustwarze
Titn *pl.*	→ *Tutn*
do(ch)	doch
Tōdl *m.*	Trottel, Idiot, Kretin
Toker *m.*	dummer, einfältiger Mensch
tokhazn, -k-	zucken, zittern, pochen (auch von Wunden und bei Zahnschmerzen)
tokern	viel arbeiten (wie ein → *Toker*)
Tokhn *f.*	1. Puppe; Garbe, Garbenmännchen; 2. Schrauben und Befestigungsrippe beim Webstuhl, an denen der Kamm hängt
Tolm, Dolm *m.*	dummer Mensch
Tomale, -ele *m./n.*	Auflaufart (nicht sehr aufgelockert), Art Pfannzelte bzw. -kuchen
Topfn *m.*	Topfen, Quark; (ü.) Unsinn
Topfnkrēmtorte *f.*	Topfenkremtorte, Käsesahnetorte
Dorftrâtn *f.*	Dorftratte, Dorfanger, größerer Rasenplatz am Dorfrand
Trād, Troad *n.*	Getreide
Trādkhåstn *m.*	Getreidespeicher
Trāf *m.*	Traufe, Dachrinne
drai(e)	drei
Draier *m.*	die Ziffer Drei, Schulnote 3 usw.
Drairādler *m.*	„Dreiradler", geflochtener Korb mit drei Rädern (im Seilzug); (heute meist) Kinderdreirad
draivīrtlt	dreiviertel (v.a. bei Zeitangaben, s. S. 36)

draksln	drechseln
Trâla *f.*, Tralâsch *m.*	großes (eher korpulentes) Mädchen; ungeschickte Person (abfällig; eigentlich „Holzschuhe")
Trām *m.*	1. Traum; 2. Hauptbalken des Dachstuhles, Querbalken an der Zimmerdecke; Bauholz
trāman	träumen
trāmhapat	verschlafen, unausgeschlafen, schlaftrunken
tramtig	trächtig
drān(an)	drehen; tanzen
Drângeld *n.*	Anzahlung (bei einem Vertragsabschluss)
Trânka *f.*	weiblicher Kretin, dumme Frau
Drā(r)er *m.*	„Dreher", sich um die eigene Achse drehender Eisstock
Trâtn *f.*	Viehweide, Tratte (Wiese)
trazn	ärgern, frotzeln, necken
Treapm *f.*	dumme Frau (Schimpfwort)
Trēber *m.*	fester Rückstand beim Obstpressen
Dreml *m.*	Knüppel, Knüttel
drent(n)	drüben
Trentn † *f.*	fingerdickes, knuspriges Fladengebäck
trentschn	trenzen, sabbern
trikhnan	trocknen
Drīmle, T- *n.*	Stückchen, kleines Stück, „Trümmerl"
Tripm *f.*	= *Gstâmpftes* (geschälte, gekochte und gestampfte Erdäpfel [Kartoffel])
Drischpl *m.*	Türschwelle
Tristn, Dristn *f.*	Heuhaufen, der an einer im Boden befestigten Stange aufgerichtet wird; aufgeschichtetes (Brenn-) Holz
Troad *n.*	→ *Trād*

Troie *f.*	ausgetretener Viehweg, (a.) beidseitig eingezäunter Almweg
Drȫla, -e *f.*	vierschrötiges Weib, großes Mädchen
Trǖchn, Trǖgn *f.*	Truhe
dru<u>kh</u>n	drücken; (ü.) umarmen
i dru<u>kh</u> dir āne	„ich drücke dir eine" (= ich gebe dir eine Ohrfeige)
tru<u>kh</u>n	trocken
Drūm, Trūm *n.*	Bruchstück (Einzahl von stdt. *Trümmer*), (a.) großes Stück
Trumpf *m.*	Atout (Kartenspiel)
Trūt(e, -a) *f.*	Gespenst, Alb (Schlafgeist)
Trutschale, -ele *n.*	Kosename für Kinder, für die Geliebte; a. abwertend für erwachsene Mädchen und junge Frauen
truz	trotz
Truz *m.*	Trotz
Druzl *m.*	rundliche, weiche Masse; (ü.) beleibte Person
druzln	rollen, beim Spinnen den Faden zwischen den Fingern drehen
truzn	begehren, unablässig um etwas bitten, (er-) trotzen
tsch-	s. S. 171ff.
Tuach *n.*	Tuch
tuan	→ *tān*
Tüchnt *m./f.*	Tuchent
Tu<u>kh</u> *m.*	Fehler, Tücke; (ü.) Schrulle, unnachgiebiges Benehmen
Tǖle *m.*	Ochse, Stier; (ü.) ungeschickter, missmutiger, beschränkter Mensch
tumln	beeilen
dumper	dämmrig

Tumpf *m.*	Tümpel, Vertiefung, Wasserstrudel
tunkhn	eintauchen
tupfn	beischlafen
durchraitern	durchsieben
durchtāln	durchteilen
turmisch	schwindlig
Dūrn *f.*	trockener Baum
Turn †	Turm
durt, durtn (stma.)	dort
Turtscher *m.*	Lärm, Krach bei einem Zusammenstoß; Osterei
turtschn	zusammenstoßen, zusammenschlagen
Ālan turtschn	Eier zusammenstoßen, Eier pecken (Osterbrauch)
Tüscher *m.*	Knall
tüschn	knallen (a.ü.)
Tūsl, Dūsl *m.*	Schwindel, Rausch
tūslat	dämmrig, diesig, düster
Tuter *m.*	junger Kerl, kaum der Mutterbrust entwöhnt, unerfahrener junger Mann
Tutlfläschle *n.*	Trinkflasche der Säuglinge mit Schnuller
tutln	an der Mutterbrust bzw. am Fläschchen saugen
Tutn, Titn *pl.*	weibliche Brüste, Busen
Tutnhåltrach *n.*	Büstenhalter (scherzhaft)

E

ē	ohnehin, ohnedies
Eacher *f.*	Ähre
eachl, ēchl †	drüben, jenseits
ead(e), ēd(e)	öde
eampwer	irgendwer
eanter	früher, ehemals; eher, lieber
ēchl	→ *eachl*
Ēgartn *f.*	Futterwiese, vormals Acker (wechselweise genutzt)
Ek	1. *n.* Ecke, (hervorspringender) Berg; 2. *m.* Eckkegel (beim Kegelspiel)
ekat	eckig
Ekn *f.*	Ecke, Egge
Ekstrawurst *f.* [-št]	eine Wurstsorte (Lyoner); (ü.) Ausnahme, Sonderregelung
ekstrig	außergewöhnlich, besonders, eigen, außertourlich
Ēl *n.*	Öl
ēlas, ealas, ēles, eales	linde, ungesalzen
Elfelaitn *n.*	„Elfuhrläuten" (zur bäuerlichen Essenszeit um 11 Uhr)
Elsn *f.*	Traubenkirsche
eltalat	etwas alt, ältlich
Eltn *f.*	Alter
Emper *m.*	Eimer, Kübel
endslång	sehr lange
Enke *m.*	Großvater (→ *Anka*)
en<u>kh</u> †	euch
en<u>kh</u>er †	euer
enter, eanter	eher, früher, zuvor; lieber
ent(e)risch	unheimlich, nicht geheuer

Entífe (f./m.)	Endivie (auch → *Tífe*)
entmīgn	büßen, entgelten; auf etwas verzichten müssen
entn	drüben, jenseits
entzundn (PPP)	entzündet
epa, epas	etwa, etwas
epa dechter wōl	sowieso, natürlich
epa går	etwa schon, gar schon usw. (v.a. bei Fragen)
Epfl *m.* (sg. *u.* pl.)	Apfel (*sg.* v.a. Unterkärnten)
Epl, Nepl, Nēb, Ēbl *m.*	Teil des Vordergestells des Wagens, wo die Deichsel mit einem Nagel befestigt wird
Erdepfl *m.* (sg. *u.* pl.)	Kartoffel, Erdapfel
Erdn *f.*	Erde
Er(d)pirn *f.*	Erdapfel, Kartoffel
Erdruabm *f.*	Erdapfel, Kartoffel
ērla (Adv.)	beinahe, fast, wahrscheinlich („ehrlich")
Erlach, Irlach *n.*	Erlen (v.a. in Flur- u. Ortsnamen)
Erper *f.*	Erdbeere
Erpirn	→ *Er(d)pirn*
Erstale, -ele [-št-] *n.*	erstgeborenes Kind
Ertåg	→ *Irtåg*
Ertepfl	→ *Erdepfl*
erterwais	da und dort („örterweise")
es	= *åls*, = *dås*
ēs	→ *dēs*
Ēsach *m.*	Essig
Ēsachmuater *f.*	Essigmutter (Essighefe zum Ansetzen des Essigs)
et	nicht (Lesachtal)
etlane	etliche, einige
ezefize	justament, gerade deshalb

F (V)

Wie in „echt" deutschen Wörtern werden auch im Kärntnerischen f und v gleich ausgesprochen, daher sind alle damit beginnenden Wörter in der alphabetischen Anordnung vereinheitlicht worden.

faichtan	aus Fichtenholz, Fichten-
Faichtn f.	Fichte
Faierhaus n.	„Feuerhaus", Wohnhaus mit Feuerung (im Gegensatz zu den Wirtschaftsgebäuden)
Faifålter m., -erle n.	Schmetterling, Falter
Vaigl, Vaigale, -ele n.	Veilchen
faindla (Adv.)	recht, sehr, überaus („feindlich")
fainzntig	schlimm, bösartig, rechthaberisch
faistlwais	faustweise
Faitl m.	Klappmesser mit Holzgriff
Fåkh m.	Ferkel, Schwein; (ü.) Schmutzfink
Fakhle n.	Ferkel; (a.ü.) Schmutzfink
Fakhlsau, -fåkh m.	Muttersau
fåkhn, fakhln	Ferkel werfen (von der Sau)
Fåkhnpfrenger m.	Verschlag für Schweine
Faksn f.	Spaß, Scherz; pl. Umstände
fålgēn, -gean	verfehlen, missglücken
fåln	(ver)fehlen
Vålte m. [f-]	Valentin (Personenname, Kurzform)
Fålter	1. m./f. Falltor (von selbst zufallendes Zauntor), Gatter; 2. m. Falter, Schmetterling
Falterle n.	Falter, Schmetterling
Fålterle n.	Hosentürl
Fåm m.	Schaum

fāmig	schaumig
Fân *m./f.*	Fahne
Fâne *f.*	Alkoholfahne
Fāni *f.*	Stefanie (Kurzform)
fårchan	aus Föhrenholz
Fårchn	→ *Forchn*
Fårfl *f.*	Teigflocke; (ü.) Person, die viel redet, eingebildetes Mädchen
Fårfln, Farfalan *pl.*	eingetropfter Teig (in der Suppe), winzige Nockerln
fårfln	viel reden, belangloses Zeug reden
farkhnan	schimpfen, nörgeln
Fårz, fårzn	→ *Forz, forzn*
faschírn	Fleisch durch den Wolf drehen
faschírts Lābale, -ele *n.*	faschiertes Laibchen, Bulette, Frikadelle, Fleischpflanzl
Faschírts *n.*	Faschiertes, Hackfleisch
Fåsching *m.*	Fasching, Karneval, Fastnacht
Fāslpīr	→ *Pāslpīr*
fâsn	fassen; sich mit Gütern des täglichen Bedarfs versorgen (durch Großeinkauf)
fast, foast	feist, fett
Fatschn *f.*	Fasche, Verbandsstreifen; Windel
fatschn	mit einer Binde, einem Verband einwickeln; wickeln (Baby)
Fatschnpopale, -ele *n.*	Wickelkind (a. pejorativ für weinende Kleinkinder)
fechtn	um etwas bitten, betteln
Fēderwīsch *m.*	Federbesen zum Abstauben; (ü.) lebhaftes Kind
vēgln	beischlafen („vögeln")

Vēgalan, -elen *pl.*	in heißem Fett herausgebackene Mehlspeise (aus Germ- bzw. Hefeteig unter Zugabe von Schnaps oder Rum; „Vögelein")
Feks *m.*	Dummkopf, Tölpel
feksn(an)	(Feldfrüchte) ernten, einsammeln
Ferchn *f.*	Forelle
Ferchnpächle *n.*	Forellenbach
verdrukhn	„verdrücken", eine übermäßig große Mahlzeit zu sich nehmen
ver-ertern	wegräumen, an einen anderen Ort bringen, versorgen
vergāchn	in der Eile etwas falsch machen, sich irren
vergünan	vergönnen
Verhåkht(e)s, -håkhats *n.*	„Verhacktes", Brotaufstrich aus faschiertem Speck und/oder Geselchtem (gewürzt)
Verhau *m./n.*	etwas, das nicht gelungen ist; Misserfolg
verjaikhn	verscheuchen, verjagen
verkåkern	sich verplappern, ungewollt ein Geheimnis ausplaudern
verkhīfln	erleiden, (v)ertragen, aushalten
verkhialn	verkühlen, erkälten
Ferkl *f.*	Art Schlitten, Gerät zum Heuziehen
Ferklwīdn *f.*	gedrehte Rute, die zur Ferkl gehört
verkwenzn	heimlich verkaufen, verschachern; verstecken
verlaugnan	verleugnen
Verlūr *m.*	Verlust
in Verlūr khēman	verloren gehen, in Verlust geraten
verplempern	vergeuden, leichtfertig verschwenden

verplert	verweint
verrāman	verräumen, wegräumen (so dass man es schwer wiederfindet)
versāman	versäumen
verschaugn	„verschauen", etwas zu oft und zu intensiv anschauen (was nach altem Volksglauben üble Auswirkungen haben kann)
verschnaufn	aufatmen, sich ausruhen (in einer kurzen Pause)
verschrain	„verschreien", so viel über etwas reden, dass es misslingt
verschrai's nit	„verschreie" es nicht
verschrumplt	vertrocknet, unscheinbar geworden (z.B. vom Apfel)
verstēchn	stopfen (Kleidungsstücke reparieren)
Ferschn *f.*	Ferse
fertn	im vergangenen Jahr
vertschūrt	vertan
Verwaisat *n.*	Schmalz
verwēdlt	verworren
verwortakln	verbiegen, verunstalten, verwackeln
verzābern	verzaubern
verzētn	etwas kleinweise fallen lassen, verstreuen
Vēter *m.*	Onkel, alter Mann („Vetter")
Fētn *f.*	(Speise-)Fett
Fezerái *f.*	Schlägerei, Raufhandel
fezn	1. raufen, sich prügeln; 2. unordentlich und schnell arbeiten, unleserlich schreiben; 3. stark schneien
Fezn *m.*	1. Fetzen, Kleidung (abfällig); 2. Rausch

fezntåmisch	übertrieben modebewusst, Vorliebe für schöne Kleidung habend
fiache, fiachi, -n	→ *fire*, *firi*
fiacher	→ *firer*
Fiasl *n.*	Hachse, Fuß
fiasln	füßeln, (a.) ein Bein stellen
fiaswa<u>kh</u>n	ein Fußbad nehmen, am See die Füße ins Wasser eintauchen bzw. im Wasser baumeln lassen
Vīch *n.* (Vīcher *pl.*)	Vieh, Haustier
Fiksling *m.*	Eierschwammerl, Pfifferling („Füchsling")
Fimfer *m.*	die Ziffer Fünf, Schulnote 5 usw.
Fīni *f.*	Josefine (Kurzform)
finsterlat	dämmrig (Abend)
Finstra, -e *f.*	Finsternis, Dunkelheit; finsterer Ort
fipern	herumfuchteln, zittern, nervöse Bewegungen machen
fīr	1. für; 2. vor
fīr-	vor- (in Zusammensetzungen)
firanånt	aneinander vorbei
Vīrbérgler *m.*	Teilnehmer am so genannten „Vierbergelauf" am Dreinagelfreitag (14 Tage nach dem Karfreitag)
firbm	färben
fircher, firche, -e, -n	= *fiacher*, *fiache* („fürher")
vīr(e)	vier
Vīrer *m.*	die Ziffer Vier, Schulnote 4 usw.
fīre, fīri, fiachi, -e	nach vorne, vorwärts
fīrer, fiacher, -n	hervor
fīr<u>kh</u>ēman	vorkommen
Vīrlingsstrudl *m.*	Strudel mit viererlei Fülle (Apfel, Mohn, Nuss und Topfen), entspricht der slowenischen *gibanica*

Firtach *n.*	Vortuch, Schürze
firtig, firte	fertig
Vīrtl, Vīrtale, -ele *n.*	ein Viertel (insbes. Wein)
Fīschl *n.*	Schweinslungenbraten („Fischlein")
fīsln	leicht schneien und/oder regnen (meist mit Nebel, v.a. im Sommer und Herbst im Gebirge); (Knochen) auslösen
Fisṓle *f.*	grüne Bohne, Fisole (Lesachtal, sonst nur → *Strankale*)
Fizale, -ele *n.*	kleines Stück
flādern	stehlen
Flaidn *f.*	feine, vom Getreide abgesonderte Spreu (Abfallprodukt beim Dreschen)
Flaidnsåkh *m.*	Sack für die Spreu, (a.) Strohsack
Flaischlābale, -ele *n.*	Fleischlaibchen, -pflanzl, Frikadelle, Bulette
Flaischsulzn *f.*	aus Knochen, Schwarten, Fleisch und Wasser hergestellte Sülze
Flaksn *f.*	Sehne (im Fleisch, die beim Verzehr störend ist)
Flankale, -ele *n.*	Flocke, Stäubchen, Milchhautrest
Flâschn *f.*	„Flasche"; (ü.) lustiger, unterhaltsamer Mensch; (a.) Ohrfeige
Flâtermaus *f.*	Fledermaus
Fleach †, Flē, Flea *pl.*	Flöhe
Fle(a)ntschn *f.*	Stück Fleisch einer klaffenden Wunde; großer Raumel, größere Brocken abgehender Nasenschleimhaut
Flēderwīsch	= *Fēderwīsch*
Flekh *m.*	Fleck (Art Brot bzw. Kuchen); Kutteln; Flicken; (ü.) Schulnote 5
Flekhale, -ele *n.*	quadratische oder rechteckige Schnittnudelform (Teigware)

fle<u>kh</u>n	contra geben (beim Kartenspiel)
flentschn	weinen, plärren
Flentschn *f.*	1. weinerliche Frau; 2. → *Fle(a)ntschn*
Flertschn *f.*	dummes oder schlimmes Mädchen, Mädchen mit zweifelhaftem Ruf
Flez *m.*	Erde, Ackergrund
Flezpirn *f.*	Kartoffel, Erdapfel
Fliagnwāchl *m.*	Gerät zum Abwehren der Fliegen bei Tisch
Flinderlan *pl.*	Konfetti, Staubteilchen
Flinsale, -ele *n.*	Staubpartikel; Flinserl (als Ohrenschmuck für Männer)
Flitschale, -ele *n.*	Flittchen
Flize *f.*	Durchfall
Floa(ch) *m.*	Floh (→ *Fleach*)
Flōder *f.*	Mühlrad; Blatt beim Mühlrad, einer Maschine u.dgl.
Flōderle *n.*	Wasserrad (als Spielzeug der Kinder)
Flortschn *f.*	dummes oder schlechtes Mädchen, in schlechtem Ruf stehende Frau
Flūrschâdn *m.*	Flurschaden; (ü.) un-, außereheliches Kind (aus der Sicht des Vaters, = *Wildschâdn*)
foast	→ *fast*
Foastn † *f.*	(flüssiges) Fett
Fōchanzn *f.*	Osterbrot (mit eingebackenen Früchten, Nüssen)
Vōglper, -pīr *f.*	Eberesche
vōrgean	„vorgehen", das Zugtier führen
Forchn, Fårchn *f.*	Föhre
vōrfertn	vorvoriges Jahr
Forz, Fårz *m.*	Furz

forzn, fårzn	furzen
Foz *m.*	Mund (pejorativ)
an Foz ziagn	den Mund verdrossen verziehen, ein langes Gesicht machen
Fozhōbl *m.*	Mundharmonika (scherzhaft oder pejorativ)
Fozn	Ohrfeige
foztutln	küssen
Frakale, -ele *n.*	kleines Gläschen, Schnapsglas (in Flaschenform)
frāle(wōl)	freilich
Frāln, Frailn *f./n.*	Fräulein
Franze, -i *m./f.*	Franz, Franziska (Koseformen)
Frās(n) *pl.*	Fraisen, krampfartiger Anfall
Frātn *f.*	Waldlichtung, Holzschlag
fratschln	ausfragen
Frǻz *m.*	ungezogenes Kind
freak(l)n	ungeschickt, mühsam abschneiden
freakn	unnütze, schlechte Arbeit leisten; mit einem stumpfen Messer (Schere usw.) schneiden
freankhn	= *freakn*
Frēchtaks *m.*	„Frechdachs", freches Kind, frecher Kerl
frēm	fremd
Frēm(an) *f.*	Fremde
in der Frēman	in der Fremde
Frēter *m.*	ungeschickter Mensch (der sich *frētet*)
frētn	sich abmühen, nur mit Mühe den Lebensunterhalt verdienen, sehr sparsam wirtschaften müssen
Frika, -e *f.*	Holzknechtspeise (aus Speck, Käse, Schmalz und Eiern)
vrōn	voran (Oberkärnten)

Fruajâr *n.*	Frühling
Fruastikh, -ste [-št-] *n.*	Frühstück
Fruat *m.*	Nutzen, Gewinn
Fuader *n.*	Fuder, Fuhre (v.a. Heu, Stroh, Holz)
Fuader fâsn	den Heuwagen beladen, ein Fuder Heu fassen
Fuasfezn *m.*	Schuhlappen
Fuaterhaus *n.*	„Futterhaus", Wirtschaftsgebäude eines Gehöfts (Stall und Scheune)
fuatern	füttern
fuchtig	zornig, aufgebracht
Fuchtl *f.*	hektische, unausgeglichene, unfreundliche Frau
fuchzēn	fünfzehn
fuchzk	fünfzig
fūdln	nichts weiterbringen
fuksn	sich ärgern
Fukspāsn *n.*	„Fuchs passen", (aus der Jägersprache ü.) Warten auf die Geburt des Kindes in den letzten Tagen der Schwangerschaft
Funsn *f.*	eingebildetes Mädchen oder junge Frau; unangenehme Frau
Furkl *f.*	(gabelförmiges) Traggerät aus Haselruten (Oberkärnten)
Furkn *f.*	(Mist-)Gabel
Vurmitåg *m.*	Vormittag
vurn	vorne
vūr-	= *vōr-*
furt	fort
fūsln	schwach regnen
fūtern	fluchen, schelten
Fuzale, -ele *n.*	kleines Stück
fuzln	klein schreiben (schwer zu lesen)

G, K, <u>KH</u>

Im Kärntnerischen werden im Anlaut g und k bzw. k und <u>kh</u> oft verwechselt, daher sind alle damit beginnenden Wörter in der alphabetischen Anordnung vereinheitlicht worden, wobei <u>kh</u> als ein Buchstabe gilt. Dies ist oft auch im Inlaut der Fall.

<u>kh</u>ā	kein
<u>Kh</u>âbes, <u>Kh</u>âbas *m.*	Kraut-, Kohlkopf
Gāch *f.*	Eile, Übereile
gāch (Adj.)	jäh
(der) Gāche *m.*	Zorn, Wutanfall
gāch (Adv.)	→ *gaks(t)*
gāch-amâl	manchmal
Gāchl *m.*	Schafgarbe, Kachelkraut
<u>Kh</u>âchl *m.*	(Nacht-)Topf; (ü.) Dummkopf, Koffer (als Schimpfwort)
kâfn	gaffen
<u>kh</u>āfn	kaufen
Gai *n.*	(flaches) Land, Bezirk
ins Gai gēn	auf Besuch, auf einen Tratsch gehen
ins Gai <u>kh</u>ēman	in die Quere kommen
afn Gai sain	unterwegs sein, flanieren
<u>Kh</u>ai *n.*	Kinn
<u>Kh</u>aichn *f.*	Kerker, Gefängnis
Kaifn *f.*	Hündin, bellender Hund; (ü.) zänkische Frau
<u>kh</u>ain(an)	1. sorgen, kümmern; angehen, betreffen; 2. umwerfen; 3. verwerfen (→ *hīn<u>kh</u>ain*); 4. zanken, sich zerstreiten
er <u>kh</u>ait si niks	er ist unbesorgt, nicht furchtsam
Kaischleker *m.*	Keuschler

Kaischn *f.*	Keusche, kleines Anwesen
Gaisliz † *f.*	Speise aus Hafermehl
Gait *m.*	Geiz, Neid
gaitisch, -ig	geizig, neidisch
kaká (káka) mâchn	defaecare, kacken (Kindersprache)
kåkazn	gackern
kakln, kakn	defaecare, kacken (Kindersprache)
gakslte, -tig	hemdärmelig, ohne Rock
	(eig. „geachselt")
er is gaksltiger zwēgn <u>kh</u>ēm(an)	er ist hemdsärmelig (leger
	gekleidet) dahergekommen
gaksntig, gaksltig	→ *aksntig* bzw. *gakslte*
gaks(t) (Adv.)	plötzlich, unerwartet
gāl	geil, fett
Gâl *f.*	Galle; Ärger
kalábrisch, <u>kh</u>-	verkatert (Zustand nach einem Gelage)
<u>kh</u>ålbm	1. bellen; 2. kalben
<u>Kh</u>ålbm, -bin *f.*	weibliches Jungrind
<u>Kh</u>ålch *m.*	Kalk
<u>Kh</u>ålmas, K- *m.*	Kalmus
gāln, goaln	„geilen", düngen
gålt	unfruchtbar (Kuh); (noch)
	keine Milch gebend
Gåltach *n.*, Gåltvīch *n.*	Jungvieh (junge, noch nicht
	zu melkende Kühe)
<u>Kh</u>amerle	kleine Stube
gamezn	gähnen
kamṓt, <u>kh</u>-	bequem
kamḗter, <u>kh</u>-	Komparativ dazu
gamper	ungelegen, ungeschickt
Gåmper *m.*	sehr dicker, fester Brei
	(meist aus Hafermehl)
Gamper *m.*	springlebendiges (mitunter auch
	schlimmes) Kind

gampern	springen, hüpfen
Khampl *m.*	1. Kamm; 2. Prachtkerl, tüchtiger Mensch
khampln	kämmen
gamprig	gierig, (ü.) sexuell erregt
Gams *m./f.*	Gemse
Gamsfias *pl.*	„Gemsenfüße", Fußeisen, Steigeisen
gamsig	sexuell erregt, geil, lüstern (von der Frau)
Gamsle *n.*	kleine Gemse
Gān *m.*	Funke
gānan	Funken sprühen
Khåndl *f.*	Kanne, Kännchen
Gång *m.*	Gang; = *Gangl* (Art Balkon)
Gangl *n.*	Balkon um das Haus
Gånter *m.*	Kasten, Verschlag; Fass; Schrank
Ganterle *n.*	Eck-, Wandkästchen
Kantschn *f.*	Hund, Köter
Khåpm *f.*	Querholzbalken im Türstock; Mütze
Gâr *f.*	→ *Gâra* usw.
gâr	gar; leer, ausgegangen, zu Ende
Gâra, -e, Gōra, -e	Mutterschaf
Karfiōl *m.*	Karfiol, Blumenkohl
kårkln	taumeln, torkeln, stolpern, schwankend gehen
Garling *m.*	zweirädriger Wagen; Leiterwagen
Khârn *m.*	Karren; (a.) Fahrrad
Kharner *m.*	Kärrner, Fuhrmann, mit dem *Karren* fahrender Händler
Kharner †, Kharntner *m.*	Kärntner (Einwohner von Kärnten)
Kharntner Hochzeit	(Not-) Hochzeit mit schwangerer Braut
Kharntn *n.*	Kärnten

<u>K</u>arȯbemēl	→ *Karūbemēl*
<u>Kh</u>arpf *m.*	Karpfen
Gartl *n.*	kleiner Hausgarten
gartln	im (eigenen) Garten arbeiten (auch als Hobby)
<u>Kh</u>artler *m.*	Kartenspieler; Partie eines Kartenspiels
<u>kh</u>artln	Karten spielen
Karūbemēl, -ȯ- *n.*	gemahlene oder zerstampfte → *Poksherndlan*
Gās *f./n.*	Gas
Gās, Goas *f.*	Geiß
<u>Kh</u>ās *m.*	Käse; (a.) Topfen, Quark
<u>Kh</u>aschker *n.*	„Käsekar", Schüssel zur Käsebereitung
<u>Kh</u>aschkerle *n.*	= *Khaschker*; kleines Grablicht, Öllampe
gaschtern	verjagen, stören, schnell hin- und herbewegen
Kāser	Almgebäude (Oberkärnten)
<u>kh</u>āsig	bleich
<u>Kh</u>ās<u>kh</u>aschker *n.*	Holzform zur Käsezubereitung („Käse-Käsekar", *Kar* urspr. „Schüssel, Mulde")
<u>Kh</u>ās<u>kh</u>åmer *f.*	Kammer zur Käsezubereitung
Gāsmār, -moar *m.*	erster (oberster) Ziegenhalter („Geißmeier")
Gāsl, Goasl *f.*	„Geißel", Peitsche
<u>Kh</u>āsmåchet *n.*	Käsemischung (als Art Gewürz) für Wassersuppen (bekam in der alten „Rauchkuchl" seinen typischen Geschmack)
Kåsn *f.*	Almhütte (samt Viehställen; Lesachtal)
<u>Kh</u>āsnūdln *pl.*	Käsnudeln, Kärntner Nudeln (→ **8.1**)

Khåschpl *f.*	Spülwasser; Sautrog
Gåspua *m.*	Ziegenhirte („Geißenbub")
Gåsstål *m.*	Geißen-, Ziegenstall
Khåstn *m.*	Speicher, Getreidekasten
Gåtehōsn *f.*	Unterhose (v.a. lange)
Gåter *f.*	Gatter, Zauntür
Gåterle *n.*	kleine Türe (v.a. Zaun-, Gartentüre)
Gatsch *m.*	Schmutz, Kot; schmutziger, weicher halb getauter Schnee
Kåtschn *f.*	(primitive) Hütte
Gåze, Kåze *f.*	Schöpfkelle, -löffel (Oberkärnten)
Gaude *f.*	Spaß, Unterhaltung
gaudn(an)	an etwas Gefallen finden
khauln	husten
Khauze, Khauzke *m.*	Kaugummi
Khåwåser *n.*	„Käsewasser", Molke
Khåzngschrā *n.*	eine Fleischspeise („Katzengeschrei", mit einer Farce aus Bratenresten, Eiern, Mehl und Milch gefüllte Omletten)
gean(an)	→ *gēn*
Khean *m.*	Kienspan
kheanig	harzig
Geasle *n.*	kleine Geiß, Ziege (Diminutiv zu *Goas*)
Gedaks *n.*	→ *Getaks*
gedenkht (PPP)	gedacht
gedremlt fōl	überfüllt, pumpvoll
Khēferfil *m.*	Kerbel
geghåltn (PPP)	behalten
geghērt (PPP)	gehört (von *gehören* im Sinne von „besitzen")

gegwēnt (PPP)	gewöhnt
Gē-er *m.*	Unterlage der Holzriese („Geher")
ge<u>kh</u>arbmp, -bmt (PPP)	gekerbt, gefügt
ge<u>kh</u>astlt (PPP)	in Vierecke aufgeteilt („gekastelt")
ge<u>kh</u>ent (PPP)	gekannt
ge<u>kh</u>int (PPP †)	gekonnt
ge<u>kh</u>lōbm (PPP)	gespalten (→ *<u>kh</u>liabm*)
ge<u>kh</u>rendlt (PPP)	mit einem Rand versehen (Kärntner Nudeln, „gekrendelt"), → *(åp)<u>kh</u>rendln*
ge<u>kh</u>roit, -ai- (PPP)	gereut
gēl †	gelb
gelbe Ruabm *pl.*	Karotte
gelbe (gēle) Supm	eine Fleischsuppe
<u>kh</u>elbern	ein Kalb werfen, kalben
<u>Kh</u>elder *m.*	Keller (Oberkärnten)
<u>Kh</u>elper *f.*	Hundehalsband
Gelsn *f.*	Gelse, Mücke
<u>kh</u>em(an) (PPP)	gekommen
er is zwēgn <u>kh</u>em	er kam des Weges
<u>kh</u>ēman	kommen
gēn, gean, gian	gehen
Kendl *f.*	Rinne
Gepáter, Gepránter *m.*	oberster Boden im Stadel, in der Scheune (→ *Pranter*)
Gepách *n.*	Backwerk, Gebäck
<u>Kh</u>epfl *n.*	Köpflein; (a.) Gipfel eines (kleinen) Berges
<u>kh</u>epln	streiten, schimpfen
Gepl *m.*	altes Fahrzeug, Anspann
geplácht (PPP)	gebleicht
geprent (PPP)	gebrannt (transitiv); (ü.) gezahlt, bezahlt

geprūnan (PPP)	gebrannt (intransitiv)
gepūrn (PPP)	geboren
Khēra, -e *f.*	Radfurche des Ackers („Kehre")
Kherbl(e)	Körbchen
Germ, Gerbm *f./m.*	Germ, Hefe
Kherschn *f.*	Kirsche
Kherschpām *m.*	Kirschbaum
Gerschprain *m.*	Rollgerste (gedünstet)
Gerstl [-št-] *n.*	Gerstenkorn; (ü.) eine Augenkrankheit; (ü.) Geld
Gerstn [-št-] *f.*	Gerste; (a.) Grammeln, Grieben
Gerstnprain [-št-] *m.*	= *Gerschprain*
Khēs *n.*	Gletscher, Kees
Geschle *n.*	Mündchen, „Goscherl"
Khēse, Khēsn *f.*	Köse, Getreideharfe
Khēslraidn *f.*	schwenkbare Vorrichtung für den Kessel über dem offenen Feuer
Kestn [-st- *u.*-št-] *pl.*	Kastanie
Gétachle, Gétankhle † *n.*	Patenkind
Getaks, Gedaks *n.*	Unterholz, dichtes Gebüsch, Gestrüpp
Gēt(e) *m.*	Taufpate (s.a. *Gōtl*, *Gōtn-*)
Getēs, Geteas *n.*	Getöse, Spektakel, Lärm
getipflt	getupft
Getit *n.*	weibliche Brüste
Khētngårn *n.*	am Webstuhl aufgezogenes Garn
Getua(werch) *n.*	Getue, Gehaben
gezundn (PPP)	gezündet
gfält	missglückt, verkehrt („gefehlt")
gfārig	gefährlich
Gfikh *n.*	eine Menge kleiner Tiere, Federvieh; (ü.) eine Menge Kinder (abwertend)
Gfikhach, -at *n.*	= *Gfikh*; (a.) Gesamtheit der Haustiere
Gfrās *n.*	schlechtes, minderwertiges Essen

Gfrast *n.*	ungute, meist schlechte Person
Gfrēt *n.*	Ungelegenheit, Mühe, Mühsal
	(von → *frētn*)
Gfrīr *n.*	Frost
Gfrīs *n.*	Fratze, Gesicht
Gfrīsle *n.*	Kindergesicht (liebevoll
	und scherzhaft)
gfurchtn (PPP)	gefürchtet
ghain	→ <u>khain(an)</u>
ghåltn (PPP)	behalten
ghåp(t) (PPP)	gehabt
s håt mi ghåp	ich war (sehr) krank
	(„es hat mich gehabt")
ghep(t) (PPP)	gehoben
ghērn	gehören
Kīgalan, Kh- *pl.*	kleine Kugeln
<u>kh</u>īfln	kauen, nagen; (ü.) sich den Kopf
	zerbrechen
kikazn	stottern, stammeln
<u>Kh</u>īm *m.*	Kümmel
Gimpl *m.*	Gimpel; (ü.) einfältiger,
	(a. unangenehmer) Mensch
<u>kh</u>īnan	können
Khindergspīl *n.*	etwas, was so leicht wie ein
	„Kinderspiel" zu machen ist
<u>Kh</u>indsmentsch *n.*	Mutter eines unehelichen Kindes
<u>Kh</u>īniglhâs, <u>Kh</u>īnehâs *m.*	Kaninchen
<u>Kh</u>ipfl, -ale, -ele *n.*	Kipferl, Hörnchen; (ü.) einfältiges
	Kind
<u>kh</u>īr	zahm, gefügig
<u>Kh</u>īrach, <u>Kh</u>ērach *n.*	Kehricht
Kirbes, -as *m.*	Kürbis; (ü.) Kopf
Kirbespumper *m.*	großer Kürbis

Khirchtåg, -te, -ti(g) *m.*	Kirchtag (nicht [kirtag] o.ä.!)
Khirchtågssupm *f.*	traditionelle beim Kirchtag gereichte Suppe
khirfårtn	eine Wallfahrt unternehmen („kirchfahrten")
khīrn	kehren, fegen
Khirzn *f.*	Kerze
Khirzn-inslat *n.*	Kerzenwachs
Khītlhīnewīder *m.*	wankelmütiger, unverlässlicher Mensch
Gitschn, Kitschn *f.*	Mädchen (Oberkärnten, oft pejorativ)
Khiz *n.*	Kitz, Zicklein
khizern	Kitze werfen
Gjāt, -d *n.*	Jagd
glābm	glauben
Khlächl *m.*	Klöppel, Glockenschwengel; Riegel (beim Gatter, bei Holztoren); (ü.) träger, schwerfälliger, ungeschliffener Mensch
Glachter *n.*	Gelächter
glai	gleich, sofort
glaich	quitt, die Schulden beglichen habend
glaim, glaum	nahe, eng
Glander *n.*	Geländer
Khlåmpfn *f.*	Gitarre
Khlång *m.*	1. feines Mehl (meist Roggenmehl); erstes, weißes Mehl, das beim Mahlen anfällt; 2. (Fang-) Schlinge; 3. Klang
glångan	ausreichen(d sein); nach etwas greifen
s glångt, glånk	es reicht
Khlångholz *n.*	klingendes Haselfichtenholz
Khlān-ōstersuntåg, -te, -ti(g) *m.*	„Kleinostersonntag", erster Sonntag nach Ostern

khlānwais	kleinweise, langsam
Khlåpern *pl.*	Hände (pejorativ)
Khlåpf *m.*	(Fels-) Stufe, Wasserfall
Khlâr-epfl *pl.*	Klaräpfel (Apfelsorte)
Khlauber *pl.*	Hände
khlaubm	pflücken, auflesen
glaum	→ *glaim*
Khlausn *f.*	Schlucht, Engpass
glåzat	glatzig, haarlos
Khleapl *m.*	grobschlächtiger Mensch; (a.) Penis
khleazln	→ *klēzln*
Khleazn	→ *Khloazn*
khlēber, khleaber	wenig, knapp, karg (z.B. vom Essen); zart (z.B. von Kindern)
Khlēber *m.*	1. altes Brot; Kleber; 2. ein Unkraut
Khlekhler *m.*	Klöckler (Kärntner Volksbrauch im Advent)
khlekhln	klöckeln, klopfen (Kärntner Volksbrauch im Advent)
khlekhn	ausreichen, genügen
Glekhle *n.*	Glöcklein
glengan	erreichen, (aus)reichen
Klenker *m.*	kurzer Anschlag einer Glocke; (ü.) Rotzglocke
glenkern	baumeln (lassen); im Sitzen die Füße hin- und her bewegen
klenkern	1. einen Klenker tun; (ü.) herunterhängen (von der Rotzglocke); 2. langsam gehen, schlendern
Khlepe *m.*	Penis; einfältiger Mensch
khlepern	klappern
Khlepfkraut *n.*	Klatschnelke
khlēsch-	verstärkendes Präfix, z.B. *khlēschkhålt* „saukalt"

Khlēscher	1. *pl.* große Schuhe; 2. *m.* Knall (lautes Geräusch, wie es bei einem Zusammenstoß entsteht)
khlēschn	(geräuschvoll) schlagen, zuschlagen
Khlēschn *f.*	weibliches Geschlechtsteil
khlēzln, khleazln	kratzen, zupfen
Khlezn	→ *Khleazn, Khloazn*
khliabm	klieben, spalten, (Holz) hacken
gliacht(et)	„gelichtet", ziemlich hell
gliantig	glühend
Klitsch *m.*	Verschlag, abgesonderter Stall
Gloagg *m.*	kleine Eule, Totenvogel
Khloanprain *m.*	= *Hirschprain*
khloazig	krustig, mit braunen Flecken (vom Obst)
Khloazn, Khleazn *f.*	Kletze, Dörrbirne; (ü.) Schmutz(schichte), Grind
Khloaznkhliaber *m.*	Geizhals
Khloaznnūdln *pl.*	Nudeln, mit Kletzen gefüllt
glōfn (PPP)	gelaufen
Khlokh *m.*	Schlag
khlokhn	klopfen, knallen
glōsn(an)	glimmen, glosen
glōtat	mit ungepflegtem, wirrem Haar
Glōtn *f.*	(Haupt-)Haar; (a.) Unkraut auf Kornfeldern
khluag	„klug", sparsam; (ü.) geizig
Klūfn, G- *f.*	Stecknadel
Glukhe *f.*	Bruthenne
Glump(at) *n.*	Gerümpel, wertloses Zeug
glumpert (PPP)	gelumpt (im Wirtshaus, zu *lumpern*)
glundn (PPP)	„gelunden", über dem Feuer geröstet (Sterzmehl, Käse) (zu *lindn*)

glundner K<u>h</u>ās *m.*	Kochkäse (*Gelundener, Glundner* u.dgl. geschrieben)
klukln	glucksen, blubbern
klunkern	im Bauch rumpeln, leise murmeln; mit der Kuhglocke läuten
<u>kh</u>lunzn	jammern, sich beklagen
<u>Kh</u>lupm *f.*	Wäscheklammer; Zwingholz, gespaltener Stock
Glūrn *pl.*	Augen
Glusper *n.*	Gewisper
Glust *m.*	Gelüsten, Verlangen
glustig	verlangend, Lust habend, begehrlich
Klūtsch *m.*	Schlüssel (slowenisch *ključ*)
Gmach(t) *m./n.*	männliche Genitalien
Gmān	Gemeinde(weide, -anger)
gmān	gemein(sam)
Gmiat *n.*	Gemüt
gmiatlich	gemütlich
<u>Kh</u>nāfl(e) *n.*	Knopf
<u>kh</u>nāfln	knöpfeln
Gna<u>kh</u> *n.*	Genick
gnakst	nächst, sehr nahe; anliegend
<u>Kh</u>naul *m.*	Knäuel, Verwicklung; (ü.) Schwips
Gneat	Eile, Hasterei; viel zu tun („Genöte")
gneatig	eilig, dringend, in Zeitnot seiend („genötig")
<u>Kh</u>nēdl *m.*	Knödel, Kloß
<u>Kh</u>nia *n.*	Knie
<u>kh</u>niawāch	knieweich, schlurfend gehend
<u>Kh</u>nōfl *m.*	Knoblauch
<u>kh</u>nōrat	1. klein, zurückgeblieben (vom Menschen); 2. knorrig, hart (vom Holz)

Khnorz *m.*	Knorpel; verästeter Baum
Khnosp *m.*	Astansatz
khnozn	1. gedrängt sitzen, unbequem liegen; 2. herumtollen (von Kindern), herumsteigen, faul herumliegen
Goadl *f.*	schlechtes Getränk, abgestandene Flüssigkeit
goadln	daherreden
Goadlsupm *f.*	dünne (Wurst-)Suppe
Goas	→ *Gās*
Goasl	→ *Gāsl*
Khoast, Khōst *n.*	Abteilung, Fach im Kornkasten oder in der Mehltruhe
Khost *f.*	Essen, Kost
Khōbl *m.*	Verschlag
Khōch	1 *m.* Koch; 2. *n.* Brei (v.a. in Zusammensetzungen), Mus (→ *Muas*); (a.) Sauce
Gōder *m.*	Doppelkinn, Fettkinn
Gōderle *n.*	kleines Doppelkinn (meist scherzhaft)
Gōdl(supm)	→ *Goadl(supm)*
Kōfl *m.*	felsiger Berg; Felsblock, großer Stein
Kōgl, Khōgl *m.*	1. „Kogel", Berg (mit rundlichem Gipfel), Bergkuppe; 2. gemauerter Rauchabzug, kugelförmiges Schutzdach über dem offenen Herd
Khoie, -a *f./n.*	Kinn, Mundpartie
khoin	kauen
Kokalőre, Kokolőre *pl.*	Augengläser; Brillenträger; (ü.) *m.* witzige Person
kokazn	gackern

Gokn *f.*	Eiterbeule, Auge einer Eiterung
<u>Kh</u>ōl *m.*	Wirsingkohl
Kolm	→ *Kulm*
<u>Kh</u>ōlsprōsn *pl.*	Kohlsprossen, Rosenkohl
<u>Kh</u>ōlståt *f.*	Platz, wo Holzkohle erzeugt wird („Kohlstatt")
<u>Kh</u>ōmet *n.*	Kummet
komốt	→ *kamốt*
Koper *m.*	Dille
<u>Kh</u>opf *m.*	1. Kopf; 2. Bergappellativ (Oberkärnten)
<u>kh</u>opfschiach, -schaich	schwindlig
Kopriz *m.*	ein Almkraut (*ligusticum mutellina L.*; Mölltal)
Gōra, -e, Gâra, -e *f.*	Mutterschaf
gōschat	vorlaut, angeberisch
gōschn	angeben, prahlen; widersprechen
Gōschn *f.*	Mund (abfällig)
Gōsn *f.*	Aufschüttkasten der Mühle
<u>Kh</u>oster *m.*	Kostprobe
<u>Kh</u>ōter *m.*	Hundehütte; Gefängnis; einfaches Gemach; (a.) Holzkiste
<u>kh</u>ōtig	schmutzig (a.ü.); schuldig
Gōtl	*f.* Patin; (a.) *m.* Pate
Gōtn<u>kh</u>inder *pl.*	Patenkinder
Gōtnraindling *m.*	„Reindling", den das Patenkind vom Taufpaten zu Ostern erhält
Gotsgåbschender *m.*	Frevler gegen Gottesgaben wie Brot usw.
Gotsnâm *m.*	Gottes Name
in Gotsnâm	in Gottes Namen
Gotsnâm<u>kh</u>raizl *n.*	in den Baumstrunk eingehacktes Zeichen

Khozn *m.*	grobe Decke (urspr. für Pferde)
Khrā *f.*	Krähe; dürrer Mensch
grābalat	dämmrig, gräulich, im Morgengrauen
Khrâchane *f.*	Lederhose
khrâd	gerade
Khrâfl *n.*	Gerümpel, wertloses Zeug
khrāft (PPP)	gerauft, gestritten
Khrâgn *m.*	Kragen, Hals
khraimp, khraimt	angenehm, harmonisch, gut gefügt ("gereimt")
grainan	schimpfen, zanken, nörgeln, raunzen, murren, weinen
Graipm, Khraipm *pl.*	Grammeln, Grieben
khraistn	husten, ächzen
Khrait *n.*	Gereute; (a.) unfruchtbare, öde Gegend
Khraitlach *n.*	(verschiedene) Kräuter, Kräuter- mischung
Khrakhl *m.*	verästeltes Zeug, unregelmäßig gewachsener Baum
Krake, Grâk(i)n, -a-	Spinne (Oberkärnten), Weberknecht
khraksln	klettern
Khraksn *f.*	Rückentrage (aus Holz); (ü.) altes Auto
Khrâle *m.*	Zorn, Wut
Grāln, Grālan *pl.*	Perlen, Edelsteine (an der Halskette)
Gramalan, -elen *pl.*	Grammeln, Grieben
grâmatn	kochen (mit erhitzten Steinen)
Khrâmer *m.*	"Krämer", Kaufmann, Greißler
Khrampale, -ele *n.*	gezacktes Gerät zum Auflockern der Erde
khrampln	mit dem → *Khrampale* die Erde auflockern; (a.) herumsteigen

Khråmpm *m.*	Spitzhacke, Pickel
Grandlan *pl.*	Hirschzähne (als Schmuck)
Khrânewit, Khrānawet *m.*	Wacholder
Khrânewetkhīgale, -ele *n.*	Wacholderbeere
Khråne(wet)pīr *f.*	Wacholderbeere
Khrankl *m.*	krummer Stock; dürrer Ast, Baum
Grant *m.*	Missmut, schlechte Laune
grantig	missmutig, schlecht aufgelegt
Grantn *f.*	Preiselbeere
Grant-scherbm *m.*	missmutiger, schlecht aufgelegter Mensch
grantschn, k-	mit den Zähnen knirschen; knabbern
Khranzlraitn *n.*	„Kranzelreiten", ein Volksbrauch zu Pfingsten in Weitensfeld, Gurktal, eine Art Wettrennen
Khråpfn *m.*	Krapfen; (a.) Kärntner Nudeln (= *Khasnūdln*)
Khråpler *m.*	Käfer; verhärmter Mann
Khrās *n.*	Nadelbaumzweige, Reisig („Gereise")
Khrāsach, Khroasach *n.*	dürres Reisig
Khrāschaichn *f.*	Vogelscheuche
Khrāshaufn *m.*	aufgehackte Fichtenäste zur Streu
Khrāsn *pl.*, Khrāsach *n.*	Reisig, Nadelbaumzweige
khrāt	= *akhrất*
Krātl, G- *n.*	kleiner → *Krâtn*
Kratlcr, G- *m.*	Händler, der mit dem → *Krâtn* herumzieht; (a.) Landstreicher
Grātn *f.*	Gräte
Krâtn, G- *m.*	zweirädriger Wagen, Karren
khrâtn	geraten, gelingen, glücken, wachsen
Khratsch, Gratsch *n.*	Geschwätz, Geplauder
khrātschínkat	x-beinig, einen verbogenen, ungeraden Gang habend

gratschn, gatschkern	knirschen, knarren, krachen
graupat	unordentlich; kränklich
Graupm *f.*	Isländisch-Moos
Graus *m.*	Angst, Gruseln
grausn	sich ängstigen
Khraut *n.*	1. Weißkraut, Weißkohl (*Kraut* bedeutet in Österreich nie „Kohl"); 2. (allgemein) Gewürzpflanze
grāwalat	→ *grābalat*
Khrawât *m.*	Kroate (meist abwertend)
Khrawátl *n.*	Gurgel, Schlafittchen („Krawatte")
i håb di bain Khrawatl	ich habe dich fest im Griff
khrawŭtisch	zornig
khrazig, -å-	kratzbürstig
Khrazl *m.*	Gerät zum Geschirr-Reinigen (aus Draht, neuerdings auch aus Plastikgewebe)
Khråzn *f.*	Haue
Greadn, Grēdn *f.*	Scheiterhaufen, Holzstapel
greadnan	Scheiter übereinander schichten
grean, grian	grün; (a.) ungeselcht (von Wurst und Fleisch); unreif
Khrean *m.*	→ *Khrēn*
grean, grian	grün
greane Supm *f.*	aus frischem Fleisch mit Suppenkräutern gekochte Suppe
greane Wirst [-št] *pl.*	ungeräucherte bzw. ungeselchte Brüh- oder Bratwürste
greaner Spekh *m.*	gesalzener, luftgetrockneter Speck
grean(e)s Flaisch *n.*	frisches Fleisch jeder Art
greaser, greast-, -ē-	größer, größt
Khrēd *n.*	1. Gerede; 2. Räder samt Gestell (z.B. am Pflug); zweirädriger Bergwagen zum Holzstreifen („Geräde")

Grēdlan *pl.*	Steigeisen, Grödeln
Grēfl *n.*	Geröll, Steinhaufen; (a.) Steine zum *Grâmatn*
Grēflach *n.*	Steinhaufen
Khrempl *m.*	1. Gerümpel; (ü.) defektes, schlechtes Gerät; 2. Aufreißmaschine für Wolle; 3. lange Nägel, verkrüppelte Finger
Khrēn, Khrean *m.*	1. Kren, Meerrettich; 2. breite, hölzerne Wasserrinne
khrendln	den Rand des Teiges zackenförmig umbiegen und verschließen (bei der Zubereitung der „Kärntner Käsnudeln" u.dgl.)
Khrēnpria, -prī *f.*	Kren-, Meerrettichsauce, Semmelkren
Khrēs *m.*	Kresse
Krēsfaier *n.*	Sonnwendfeuer
Grēsing *m.*	„Größing", junger Waldbaum; Wipfel eines Nadelbaumes
Khrēsn *m./n.*	Chrisam (in Verbindung mit der Taufe)
Grētle *f.*	1. Margarete (Koseform); 2. Margerite (Blume)
Khrētle *n.*	kleine Kröte (fast nur ü. gebraucht, → *Khrōt*)
Khrezl *n.*	kleine Gemeinschaft, kleine Gruppe gleichgesinnter bzw. so eingeschätzter Menschen, Krätzel
Khrezn *f.*	Krätze (Ausschlag); (ü.) unangenehmer Mensch
griabln	Kugelspiel der Kinder
Kriachale, -ele *n.*	Zwergpflaume, wilde Zwetschke
Khriagl *n.*	Bierkrug
khriagn	bekommen

grian	→ *grean*
grias en<u>kh</u> g̊t	Grüß' Gott (allgemeiner Gruß, → **7**), kurz → *sg̊t*
griasn	grüßen
<u>Khri</u>khale, -ele *n.*	kleines Geweih; weinerliches Gesicht der Kinder
Grīl *m.*	Grille
<u>Khr</u>impm *f.*	Krümmung
Grindl *m.*	„Grendel", Pflugbaum, in dem das Sech (das Pflugmesser) steckt
Grint *m.*	Ausschlag auf dem Kopf, Grind, Belag, Schicht
<u>khr</u>ipfn	husten, hüsteln
<u>Khr</u>ipl *m.*	Krüppel, körperlich Behinderter
<u>Khr</u>ipm *f.*	Krippe, Futterbehälter für Wild
<u>Khr</u>īs, Grīs *n.*	große Nachfrage, heftiges Begehren, Ansturm („Geriss")
<u>khr</u>īsn (eig. PPP)	gerissen; (ü.) witzig, sonderlich
<u>Khr</u>ischpale, -ele *n.*	mageres, zurückgebliebenes Wesen
<u>Khr</u>īt *n.*	Durcheinander, wertloses Zeug („Gerütte")
Griter *m.*	Kreuzgestell, Dreifuß (Tischgerät)
Groamat *n.*	Grummet, zweite Mahd des Grases
groas, grōs	groß
in Groasn raisn	angeben, prahlen
groas<u>kh</u>opfat	reich, einflussreich, etabliert
<u>khr</u>oatlt (PPP)	mit einem Querholz eingedreht
<u>khr</u>ōchn (PPP)	zu → *rēchn(an)* „mit dem Rechen rechen"
<u>khr</u>oin	reuen, bereuen
<u>Khr</u>ois *m.*	Krebs
gropat, groparat	uneben, sehr rau, holprig
<u>khr</u>opfat	mit einem Kropf behaftet

<u>Kh</u>rōt *f.*	Kröte
a liabe <u>Kh</u>rōt	ein liebes Mädchen, Kind
<u>Kh</u>ruag *m.*	Krug
Gruas *m.*	Gruß
<u>Kh</u>rūch(n), Grūch(n) *m.*	Geruch
Grūdalan *pl.*	kleine Locken
Grūdln *pl.*	1. Kraushaare; 2. Balzlaute des Birk- oder Spielhahns
Grūdn *f.*	Ackerscholle, Erdklumpen
<u>Kh</u>rukhn *f.*	Krücke, hölzerne Schneeschaufel
Grūl *m.*	Hammel
<u>Kh</u>rum-årl *f.*	gewachsener Hakenpflug, Schneidknüttel
<u>kh</u>rum(p)	krumm; ein wehes Bein, einen wehen Fuß habend
<u>Kh</u>rumpirn, G- *f.*	Erdäpfel, Kartoffel („Grundbirne, Krummbirne")
<u>kh</u>rūnan (PPP)	geronnen
<u>Kh</u>ruschpl *f.*	Knorpel, knuspriger Rand des Bratens; knorpelige Speisereste
gsācht (PPP)	geseiht
Gsazl	→ *Gsezl*
gschâfn (PPP)	geschaffen, geschafft
gschâft (PPP)	„geschafft", am Ende der Kräfte
gschaftig	(über)eifrig
Gschaftl(e) *n.*	Geschäftchen, Aufgabe (v.a. in Vereinen)
Gschaftlhuaber *m.*	wichtigtuende, geschäftige Person
gschāmig	schamhaft, verschlossen
Gschamster(er) *m.*	Freund, Geliebter
gschâmt (PPP)	geschämt
gschēchn	geschehen
Gscheft *n.* (Gschefter *pl.*)	Geschäft

Gschēr *n.*	Schererei, Sorge, Problem
gschērt	vulgär, gewöhnlich, ungehobelt, „geschert" (in Kärnten werden mitunter auch die Wiener als *Gschērte* bezeichnet)
gschībert	aufgehäuft
Gschīr *n.*	Geschirr (in der Küche und beim Pferd)
Gschiste-Gschaste *n.*	nutzloses Wichtigtun
Gschlâder, Gschlâdrach *n.*	schlechtes Getränk, dünner Kaffee, Muckefuck
Gschlåmp *n.*	1. männliche Genitalien; 2. Kleiderfetzen
Gschlåprach *n.*	abgestandene Reste von Flüssigkeiten
gschlöfn	gekrochen, geschlüpft
gschmach(ig), -khig	schmackhaft
Gschmâchn, Gschmåkh *m.*	Geschmack
gschnaprig	schnippisch, vorlaut
Gschnaudlach, -ū- *n.*	angebissenes, aber übrig gelassenes Essen (v.a. von Kindern)
gschnaudln	anbeißen (Essen), ein → *Gschnaudlach* erzeugen
Gschneakach *n.*	Heuabfall beim Stock
gschnībm (PPP)	geschneit
gschnītne Nūdln	hausgemachte Bandnudeln
gschnurper, gschnuaper	reizend, nett, lieblich (von Mädchen)
gschōbm (PPP)	zu *schaibm*, Kegel scheiben
Gschrā *n.*	Geschrei
Gschråp *m.*	Kind
Gschrēf *n.*	Geschröf, felsiges Land
Gschwâfl *n.*	dummes Gerede, Bierschwefel
Gschwaz *n.*	Geschwätz, unwichtige Rederei
Gschwēr *n.*	Geschwür

Gschwistrach *n.*	Geschwister
Gschwistra(t)<u>kh</u>inder *pl.*	Cousins und Cousinen
gschwöln	geschwollen; (a.ü.) angeberisch, hoch hinaus; erwachsen tuend (von Kindern)
gschwūman (PPP)	geschwommen
gsēchn, -gn (PPP)	gesehen
gselcht (PPP)	geselcht, geräuchert
Gselchtes *n.*	geselchtes (geräuchertes) Fleisch
Gsēres *n.*	Gejammer, Geseire
Gsezl, Gsazl *n.*	Strophe
Gsoks *n.*	Gesindel, Bagage
Gspân *m.*	Kollege, Gefährte
Gspânin *f.*	Kollegin, Gefährtin
gspânt (eig. PPP)	hochmütig („gespannt")
Gspās *m.*	Spaß, Scherz
gspāsig	merkwürdig, sonderbar, komisch
Gspībach, -ai- *n.*	Erbrochenes (v.a. von kleinen Kindern)
gspībm	erbrochen, gekotzt
gspībms Gerstl [-št-] *n.*	mit bleichem Gesicht
gspīrn	spüren, fühlen
gspūnan (PPP)	gesponnen
Gspūsi *n.*	Liebesverhältnis
Gståmpftes *n.*	saftig-trockener Brei aus gekochten Erdäpfeln (Kartoffeln)
gstånd(e)ne Milch *f.*	mit Mehl eingedickte Milch
Gstanzl *n.*	Vierzeiler, kurzes Gedicht
Gstaudach *n.*	→ *Staudach*
Gstēl *n.*	Gestell (a.ü.)
s is a Gstēl	es ist schwierig, umständlich
de håt a Gstēl painånt	die ist unordentlich (gekleidet usw.), unverlässlich

gstokht (PPP)	„gestockt", festgeworden (von der Sulz, der sauren Milch usw.)
gsprenklt (PPP)	geleckt , bunt
Gstrikhats, Gstrikhtes n.	Gestricktes
Gsūf n.	schlechtes Getränk
guat sain lâsn	aufhören, beenden
Khūchl f.	Küche
Khūfnstechn n.	„Kufenstechen", Volksbrauch im Gailtal, bei dem ein Holzfass vom Pferd aus mit einer Eisenstange zerschlagen werden soll (Khufe ist ein altes Wort für „Fass")
Gūgl m.	1. Haarknoten am Hinterkopf; 2. hoher, enger Arbeitsort beim Erzabbau (nach der kapuzenförmigen Kopfbedeckung der mittelalterlichen Knappen); 3. Bergappellativ (für runde Erhebungen)
Kuku, Kuke m.	Kuckuck
Kulm, Kolm m.	Bergkuppe, -erhebung (Bergappellativ)
Kulter, Khulter m.	(grobe) Steppdecke, Überdecke
khūman	kommen (stma. statt khēman)
Khumpf m.	Wetzsteinbehälter; (ü.) große Nase
Kumpm pl.	Kartoffel (Gailtal)
Khūna f.	schwerfällige, einfältige Frau (Schimpfwort)
Gundl f.	kleines, rundes, bauchiges Holzgefäß, Butte; (Lesachtal:) Rückentraggerät aus Holz
kunkazn	dösen
Khunter m., -erle n.	böswilliger Mensch (a. Tier); (ü.) lustiges, schelmisches, leichtfertiges Mädchen

Kupf, Gupf *m.*	rundliche Erhebung (Bergappellativ); Sahne- bzw. Crèmehäubchen
kupfat, gupfat	über den Rand voll; rundlich
Gūre, -n *f.*	schlechtes Pferd, -e Kuh
Kuschker *m.*	Smaragdeidechse; (ü.) schlimmes Kind
khūtern	kichern
Khūtln, Khūtlflekh *pl.*	Kutteln, Kuhmagen
Khūtlkhraut *n.*	Thymian, Quendel
Gwaks *n.*	Gewächs
Gwånd, Gwandle *n.*	Gewand, Kleidung, (a.) Anzug
Kharntner Gwandle	Kärntner Anzug
Kwargl *m.*	Quargel (Magerkäse); (ü.) Unsinn
Kwartl *n.*	Viertelliter
Gwelb *n.*	gemauertes Rundgewölbe
Gwelkh(ach)	Gewölk, Wolken
gwēnan	gewöhnen
Kwendl *m.*	Thymian
Kwendlkhraut *n.*	= *Kwendl*
Gwēsch *n.*	unvernünftiges Reden, Geschwätz
Kwetschn *f.*	Ziehharmonika
gwīchn (PPP)	geweiht, gewichen (zu *waichn* 1 u. 2)
Gwīr *n.*	Wehr, Hindernis, Gewehr
Gwirks *n.*	Unordnung, Schwierigkeiten
Gwirzlach *n.*	Wurzelwerk, -zeug
gwīs	gewiss, bestimmt, sicher
gwūnan (PPP)	gewonnen
gwund(e)ne Nūdln	gewundene, zusammengedrehte Nudeln
gwunschn (PPP)	gewünscht
Gwunst *m.*	Gewinn, Gewinst

H

ha	verstärkende Fragepartikel am Ende der Frage, bei der man „ja" erwartet, z.B. *a khimst (du) hait, ha?* „kommst du heute, nicht wahr?"
Hâbach *m.*	Habicht
Hâber *m.*	Hafer
Hâbergās *f.*	Habergeiß (Sagengestalt, Kinderschreck)
hābern	essen
Hābl *m.*	Griff, Hebel; einfältiger Mensch
hâbm	1. haben; 2. (fest)halten
Hāchl *f.*	Hechel, Küchenhobel
hāchln	hobeln
Hādach, Hādrach *n.*	Heidekraut; Unterholz im Wald
Haderniker *m.*	ein aus → *Hādn*, Buchweizen, hergestelltes Brot, auch „Heidenbrot"
Hādn *m.*	Buchweizen („Heiden")
Hādnmēl *n.*	Buchweizenmehl („Heidenmehl")
Hādnprain *m.*	geschälter Buchweizen (gedünstet)
Hādnprōt *n.*	ein aus *Hādn*, Buchweizen, hergestelltes Brot, „Heidenbrot"
Hādnsterz *m.*	Sterz aus → *Hādnmēl*
Hādrach *n.*	Heidekraut
Haftlmâcher *m.*	übergenauer, pedantischer Mensch
Hai *n.*	Heu (meist erste Mahd)
Haifle *n.*	Häufchen
haifln	„häufeln", um Pflanzen die Erde erhöhen
Haifn *pl.*	Haufen

haifte	genug, ausreichend
Haifuader *n.*	Heufuhre, -fuder
Haigaign *f.*	überaus große und schlanke weibliche Person („Heugeige")
haign	heuen (Heu machen, wenden, einbringen u.dgl.)
Haikumper *m.*	Heuschrecke
haint †	heute (abends, nacht; → *hait*)
Haipl *n.*	Häuptel, Salatkopf
Haipluamach *n.*	Heublumen
Haipo<u>kh</u> *m.*	„Heubock", Heuschreck
Hair<u>ī</u>sn *f.*	„Heuriese", schiähnliche Kufe zur Heuabfuhr
Haischre<u>kh</u> *m.*	Heuschreck
Haisl *n.*	Klosett
hait	heute (verdrängt immer mehr *haint*)
hait(a)wån	manchmal
Haiter *m.*	schwächlicher Mensch, Kretin
a(n) årmer Haiter	ein armer Kerl
haitn	häuten
Haitristn *f.*	„Heutriste", festgetretener Heuhaufen; um eine „Tristn" aufgeschichtetes Heu
hait(s)wån	hie und da, dann und wann
hait(s)wia	manchmal, bisweilen
haitwån	→ *hait(a)wån*
Hå<u>kh</u>ach *n.*	Heuabfall beim Stock
Hå<u>kh</u>n *f.*	Hacke, Beil
h<u>ā</u>kl, hoakl, haklig	heikel, genau
Hakl *m.*	Haken; (ü.) Zahn
Ha<u>kh</u>lruabm *pl.*	gehackte saure Rüben
Haks(n) *m.*	Bein, Hachse
h<u>ā</u>l	1. heil; 2. glatt, schlüpfrig, eisig
hålbat	halb; (ü.) kränklich, nicht ganz bei Sinnen („halbiert")

Hålbe *f.*	halber Liter (eines Getränks, v.a. Bier)
Hålbschaid *f.*	Hälfte
hålbscharig	unzuverlässig, unsolide
Hålbtāl *m./n.*	halber Teil, Hälfte des längs geteilten Baumstammes
Hålmach *n.*	kurze Halme, Stoppelfeld
hāln	heilen
Halṓdre, -i *m.*	lustiger Mensch, Weiberheld, Spitzbube
hålsn	umarmen
Hålt *f.*	(Vieh-)Weide
Hålter *m.*	Viehhirte
Hålterpua *m.*	Hirtenknabe
håltn	weiden lassen
hām	heim, nach Hause
hām āln	nach Hause eilen
hām gaignan	zum Weggehen veranlassen
hām pringan	„heim bringen" (im Sinne von Einkaufen u.dgl.)
hām sträfn	nach Hause bringen („heim streifen")
Hāmatle *n.*	Heimat, das eigene Heim, das Zuhause
hāmlich, -le	heimlich
Hâne *m.*	Hahn
Hânef † *m.*	Hanf
hantig	bitter; (ü.) übel gelaunt
Hantsch *m.*	Handschuh(e)
Hap *m.*	Schaf
hapern	fehlen
es hapert	es fehlt (etwas), es mangelt an
hapig	begierig, scharf auf etwas
Haple *n.*	1. (Salat- Kraut-, Kohl- usw.) Kopf; 2. Diminutiv zu → *Hap*
Hâr	1. *n.* Haar; 2. *m.* Flachs

harb	herb, stark gesalzen; (ü.) zornig, vergrämt
harbm	ärgern, erzürnen, lästig sein
Harmle *n.*	Wiesel
Harpfn *f.*	Getreideharfe (Balkengerüst); (ü.) Bett
Harst [-št] *m.*	Schneekruste, Harsch
harstig [-št-]	harter Schnee (auf dem man gehen kann, ohne einzubrechen)
hartn(an)	sich kränken
hās	heiß; (ü.) gefährlich, hitzig
Hāscher, -â- *m.*	armer Kerl, unglücklicher Mensch, (a.) geistig zurückgebliebener Mensch
Hāscherle *n.*	geistig behindertes Kind; armes, unglückliches Kind (a.ü.)
hāser, hāsrig	heiser
Hâslach *n.*	Haselstauden (v.a. in Flur- u. Ortsnamen)
hâslan	Hasel-
de Hâslane *f.*	Haselrute
hāsn	1. befehlen, heißen; 2. eben, glatt
Hâsn-ērle *n.*	eine Mehlspeise („Hasenöhrlein")
Hatsche-, Hetschipetsch *f.*	Hagebutte
Hātscher *n.*	lange Strecke, die man (mühsam) zu Fuß zurücklegt
hātschn	gehen (bis zur Ermüdung, bis man kaum noch kann); hinkend, schleppend gehen
Haufn *f.* (Haifn *pl.*)	Haufen, Menge
Haussto<u>kh</u> *m.*	(meist schwachsinniger) Hausmitbewohner oder Knecht
Heachn, Hēchn *f.*	Höhe
heanan	→ *hianan*
Hean(d)er *pl.*	Hühner

Heanderdarm *m.*	ein Unkraut („Hühnerdarm")
Heanderwake *f.*	Hühnermist
hēbm	heben
s hep(t) mi	„es hebt mich", ich habe Brechreiz
Hēfale, -ele *n.*	Schale, Tasse
s Hēfale is ībergång(an)	„das Häferl ist übergegangen", zornig geworden sein; aufgestoßen (v.a. wenn Kleinkinder zu viel gegessen haben)
Hēfn *m.*	(Koch-)Topf; (ü.) Gefängnis
Hēfnsterz *m.*	Heidensterz aus Vollkornmehl
Hēna *f.* (Hean(d)er *pl.*)	Huhn
Help, Hålp *m.*	Axtstiel, Stiel einer Hacke
Hēl-leatiger *m.*	Höllischer (Teufel, der „Höll-lötige")
Helzl(e) *n.*	kleines Holzstück, Zündholz
Hēnig, Hēne *m.*	Honig
hērn	hören
Herzper, -pīr	Schneeball (Pflanze)
Hernpilz *m.*	Steinpilz
Herz	1. *n.* Herz (Körperteil, Figur); 2. *f.* Herz (Kartenspiel)
Hēschazer *m.*	Seufzer
hēschazn	seufzen
Heschkale, -ele *n.*	Stelze, Hachse, Eisbein
Hētl, Hētale, -ele *n.*	junge Geiß; (ü.) ungestümes Mädchen
Hetschepetsch, -putsch *f.*	Hagebutte
Hez *f.*	Spaß, Scherz
hiamâl	ab und zu
hianan, heanan	(laut, stark, anhaltend) weinen, schluchzen
Hias *m.*	Matthias (Kurzform des Personennamens)
Hiasl *m.*	= *Hias*; (ü.) dummer Mensch

hiaz(an)	jetzt (stma. *jezan*)
Hīfl *m.*	Holzgestell für Heu
Hīfler *m.*	senkrechte Holzstange zum Heutrocknen
hildern	hallen
hīmlazn	wetterleuchten, blitzen
Himper *f.*	Himbeere
Himpferer *m.*	Seufzer, Schluchzer
himpfern	still vor sich hin weinen
hīn, hīnig (Adj. u. Adv.)	zugrundegegangen, kaputt
Hind *pl.*	Hunde
Hindle *n.*	Hündchen
hīnewīder	ab und zu, hin und her
Hīnfâlende *f.*	Epilepsie
hīngekhait (PPP)	verworfen (→ *hīnkhain*)
hīnig	→ *hīn*
hīnkhain	verwerfen, ein totes Junges zur Welt bringen (v.a. von der Kuh)
hinter-	zurück- (in Zusammensetzungen)
hintergēbm	zurückgeben
hinterkhēman	zurückkommen
hinterkhriagn	zurückbekommen
Hinterling *m.*	schwächliches, zurückgebliebenes Tier
hinterzâln	zurückzahlen
Hintrach *n.*	Heuabfall beim Stock; Hinterkorn (minderwertiges Korn)
hīnwern	„hin werden", zugrundegehen
Hirbast [-st], -ist [-št-] *m.*	Herbst
Hirbiger *m.*	beherbergter Handwerksbursch auf der „Walz" oder mittelloser Reisender (Bettler)
hirbign	einwintern, übernachten

Hirn	1. *n.* Hirn; 2. *m.* Stirne
Hirnkhastl	Gehirn (oberer Teil des Kopfes)
Hirpst	= *Hirbast*
Hirsch *m.*	1. Hirse; 2. Hirsch
Hirschprain *m.*	geschälte Hirse (gedünstet)
hirt, hårt	hart
hīsch	sehr, ziemlich (eigentlich „hübsch")
hoach, hōch	hoch
hoa(ch)zatn	heiraten, „hochzeiten"
hoa(ch)zatlâdn	zur Hochzeit laden
Hoa(ch)zat, Hoa(ch)sat *f.*	Hochzeit; (a.) Festtag †
Hokher, Hukher *m.*	1.Haufen; 2. einer, der gerne → *hukhn* bleibt
Hōler, Holder *m.*	Holunder
Holz *n.*	Holz; (a.) Baum, Wald
Hölzlan *n. pl.*	Zündhölzer
hopertāsig	eigensinnig, unfolgsam
hornat	gehörnt, mit einem Horn versehen
huaggat	dornig, dürr
Huaggn *f.*	Zinke der Gabel; Dorn; Hecke
Huabm *f.*	Hube (kleine Landwirtschaft, kleiner Besitz außerhalb des eigenen Grundbesitzes, Nebenwirtschaft)
Huastn *f.*	Husten, Verkühlung
hūdern, hūdln	schlampig, zu schnell arbeiten
Hudītsch *m.*	Teufel (meist als Fluch)
Hūdlerái *f.*	Eile
Hukharái *f.*	ständiges Sitzenbleiben (z.B. im Gasthaus)
Hukher, Hokher *m.*	1. einer, der gerne im Gasthaus, bei einem Umtrunk sitzen bleibt; 2. → *Hokher*
hukhn	hocken

hu<u>kh</u>n plaibm	sitzen bleiben (in der Schule, im Gasthaus)
hupfn	hüpfen
Hūscher *m.*	kurzer Augenblick; Dachschaden (Kopf)
hūsn	hetzen, jagen; aufwiegeln
hutschn	schaukeln, hutschen
Hutschn *f.*	Schaukel

In Hirwest

Gelbe Roasn siehg i wåchsn,
gelbe Roasn aufn Sea,
wånn i oftamål in Summa
in de Kreizn einegeah.

Ziach de Schueh åb, ziach de Strümpf åb,
straf de Hosn übars Knia,
wåg mi eine tiaf ins Wåssa:
zue de Roasn kimm i nia.

Gelbe Roasn siehg i welchn,
gelbe Roasn aufn Sea,
wånn i oftamål in Hirwest
von da Kreizn hamwärts geah.

(aus: Bünker, Jungsein und Åltwern)

I

ī	ich (betont)
Iaksn	Achselhöhle
Iaksnschmålz *n.*	Achselschweiß; Muskelkraft
īberanånder	übereinander
īberháps (Adv.)	ungefähr, oberflächlich, ungenau
īber<u>kh</u>eman	aushalten, auskommen („überkommen")
íberlēgn	anziehen, sich umziehen
īberlégn	überlegen, nachdenken
īberlengst	nach einer Weile
ībernachtig	übernächtig, schlaflos
iberráisn	schnell begreifen, verstehen
īberse	aufwärts, bergauf; oberhalb
īberspånt	übertrieben („überspannt")
Īberstīgl, -staigl *n.*	„Übersteige", Stiege über einen Zaun
īberziagn	sich umziehen
icht †	etwas
im(e)ramâl	ab und zu
inderst(wo) [-št]	irgendwo
Indian(er) *m.*	Truthahn, Pute (altösterreichisch); Indianerkrapfen
inerst [-št]	→ *anerst*
Infång *m.*	eingezäuntes Flurstück, Waldwiese
Ingwād, -oa- *n.*	Eingeweide, Inneres
In<u>kh</u>ale, -ele *n.*	Heu der dritten Mahd
Inkrasch *n.*	Eingeweide
Inslat, Inslacht *n.*	Rindstalg, Unschlitt
irdn	erden, aus Tonerde
Irger, Erger *m.*	Ärger
irgern, ergern	ärgern

Irlach, Erlach *n.*	Erlengebüsch (v.a. in Flur- u. Ortsnamen)
Irml, Erml *m.*	Ärmel
Irmlpfãt *f./n.*	langärmeliges Hemd
Irtåg, Irte, -ti(g) † *m.*	Dienstag
ītrachn	wiederkäuen
Īsop *m.*	Ysop (Gewürzpflanze)

In Summa

So wia`s de Sunn hiatz treib, is neama schean!
Gkrad untarn Hollabam, doart is noch grean –
De gånze Leitn aufn obarn Zaun
is wiar es Schupfdåch, so dürr und braun.

Tat`wohl a Wåssa bringan, wånn ans war` -
Da brate Båch und a Brunn is laar!
Lei drin in Berglan, bei da Tschåttaquelln
kånn i mei Wåssaschåff noch zuawestelln.

Wånn`s hiatz nit regnt, werd ka Gruemet wern
und ålle werma nebnt en Åcka reahn!
Werma noch froah sein, wenn a Kowes bleib –
Is neama schean, wia`s hiatz de Sunne treib!

(aus Bünker, Jungsein und Åltwern)

J

Jäger *m.*	Jäger
jägern	jagen, Jäger sein, auf die Jagd gehen (mehr als Freizeitbeschäftigung)
Jägertē *m.*	„Jägertee", Tee mit Schnaps
jai<u>kh</u>n	jagen
Janker *m.*	Jacke, Rock
Jārling *m.*	einjähriges Tier
Jât(ach) *n.*	Unkraut
Jau<u>kh</u> *m.*	Föhn
Jau<u>kh</u>ale, -ele *n.*	Spritze, Injektion
Jausn *f.*	Jause, Zwischenmahlzeit; (a.) kalte Mahlzeit, Brotzeit
jausnan	eine Jause einnehmen, jausnen
jezan	jetzt (stma. statt *hiaz(an)*)
Jokl *m.*	Jakob (Kurzform)
Jopm *f.*	(Loden-)Jacke
-jung(e)s, 's ...junge	-junges (österreichisch für Hühner-, Gänseklein usw.), zum Braten und Backen ungeeignete Fleischteile v.a. vom Geflügel, wird für Suppe verwendet
Jūte, Jūtn *f.*	1. Molke; Gletscherwasser; 2. (a.) letztes Heufuder (Lesachtal)

K, <u>KH</u> s. G

L

lâb	lau, fad
Lāb	1. *n.* Laub; 2. *m.* Laib (Brot)
Lāb sträfn	Laub heimführen
lâbalat	lauwarm
Lābale, -ele *n.*	Laibchen; → *Flaischlābale, -ele*
Lâbasn, -esn *f.*	Huflattich, Sauerampfer
Lāber, Lāwer *m.*	ein Früchtetrunk (meist zu Ostern)
Lābflekh *pl.*	Sommersprossen
lābflekhat	sommersprossig
Lābm *f.*	Laube, Vorhaus
lābsprinzat, -flekhat	sommersprossig
Lâd *n.* (Lēder *pl.*)	Lade
Lādl *n.*	kleine Lade
mir is s Lādl âbegfâln	ich bin sprachlos („mir ist das Ladl heruntergefallen")
lâdn	einladen (v.a. zur Hochzeit, zum Kirchtag usw.)
Lâdn *m.*	Brett
Lāfer *m.*	drehender Teil des Mühlsteins („Läufer")
lāfn	laufen
lai	nur
lai-lai	„Lei-Lei" (der Villacher Faschingsruf)
lai lâsn	nur alles laufen lassen, sich nicht aufregen (typisch Kärntner Redewendung)
Laikhaf *m.*	Drangeld (bei Kaufverträgen und für Mägde und Knechte)
laisåmer	verstärktes *lai* (z.B. *tua laisåmer dū ā ångraifn* „greif auch du einmal zu!")
Laible *n.*	Weste, Leibchen

Laich *f.*	„Leiche", Begräbnis, Beerdigung
Laich hāsn, hoasn	zum Begräbnis einladen
laichn	leihen
laifig	läufig, brünstig (v.a. vom Hund)
Lailach *n.*	Betttuch, Leintuch
Laimat, -et *f.*	Leinwand
Lainsât *f.*	Leinsamen, Leinsaat
Lait *pl.*	Leute
Laiterach *n.*	= *Lauter*
Laitl *n.*	Mensch, Person
a guats Laitl	eine gute Person
Laitn *f.*	Wiesenhang
laitn	läuten
laiwṓl	freilich
Lakl, Lakale, -ele *n.*	kleine Menge Flüssigkeit
Lakl *m.*	großer, kräftiger Mann (meist im positiven, oft a. im negativen Sinn)
Låkn *f.*	Lache, Lacke
Lām, Loam *m.*	Lehm
Lāmlakl *m.*	= *Lakl* (nur im negativen Sinn), langsamer, ungeschickter Mann
Lample, Lampale, -ele *n.*	Lämmchen
Lān *f.*	Lawine
Lāner *m.*	Lawinengang
långan	ausreichen
Langes, -is *m.*	Frühling (Oberkärnten)
Långwīdn *f.*	Stange, die Vorder- und Hinterachse verbindet
Låp *m.*	einfältiger Mensch, Tölpel
låpat	lau, abgeschmackt, kindisch
Lapm, Loapm	das übrig Gebliebene; Rest einer Mahd nach dem Zusammenrechen

lapmrēchn	zusammenrechen (→ *Lapm*)
lār	leer
larchan	aus Lärchenholz
Larchn *f.*	Lärche
Lårfn *f.*	Maske, Larve
Lāse *f.*	Fahrspur, Geleise
Låschkhe, -ke *m.*	dumme Person
Lasing † *m.*	Frühling
Lāter *f.*	Leiter
Lâtsch *m.*	gutmütiger (a. träger, schwerfälliger) Mensch
låtschat	träge, ungeschickt
Lātschn *f.*	Legföhre
lauter	1. (Adj.) flüssig; 2. (Adv.) nur, ausschließlich
lauter Ānser	im Schulzeugnis die Note 1 in allen Fächern
Lauter *m.*	Rückstand nach dem Auskochen von Butter zu Butterschmalz
Lāwer	→ *Lāber*
Leachn, Lēchn *f.*	Saatbreite, getretene Spur im Acker
leapln	trinken (aus einer Schüssel o.dgl.)
leatig	„lötig", pur, rein, glänzend
Leatsche *m.*	unbeholfener, ungeschickter, schwerfälliger Mensch
Lēberlan *pl.*	1. = *Maischl*; 2. Germ- (Hefe-) Gebäck mit Innereienfülle
Lēbtåg, -tig, -te *m.*	Lebtag, sein eigenes Leben lang
Lēfl *m.*	Löffel: (ü.) Ohren
khan Lēfl håbm (zan Årbaitn)	keine Lust haben (zum Arbeiten)
in Lēfl åpgēbm	sterben („den Löffel abgeben")

Lēger *m.*	1. Bodensatz (bei Getränken);
	2. Lagerplatz des Viehs vor der Almhütte
Le<u>kh</u> *n.*	Futterzukost (zum Lecken: Kleie und Salz)
le<u>kh</u> Pukl	Kärntner Variante des Götzzitates
lekln	stapeln, (Brennholz u. dgl.) gleichmäßig ordnen
Lekn *f.*	Lage (meist Holz), Holzstapel
lempern	Junge bekommen (vom Schaf)
lēn	weichgekocht (Ei)
Lenz *m.*	Lorenz (Kurzform)
Lerget	→ *Lirget*
Lētn *f.*	Lehm, Ton, lehmiger Grund; Morast
letschat	geschmacklos (von Speisen), schwammig, weich
lez	schlecht (von Gesundheit, Qualität)
i pin lez painånt	mir geht es schlecht, ich bin krank
lezer Taifl	lästiger Mensch
Lia, Liachn † *f.*	Rauchluke, Dachluke des Schuppens
Liacht *n.*	Licht
liacht	licht
Liad(le) *n.*	Lied
līgn gēn, gean	„liegen gehen", sich niederlegen
Li<u>kh</u>ale, -ele *n.*	kleine Lücke
lind	ungewürzt, zu wenig gewürzt
lindn	rösten, über dem Feuer rühren (Sterzmehl, Käse); → *glundner K<u>h</u>ās*
Lindntånz *m.*	„Lindentanz" zum Abschluss des → *K<u>h</u>ūfnstechns*
Liptauer *m.*	abgemachter Topfen- bzw. Quarkkäse (mit Paprika, Kümmel usw.)
Lirget, Lerget *n.*	Lärchenharz

līsnan	= *lōsn*
Loapm	= *Lapm*
lokhn	ein Kind tragen, in den Armen halten (wobei man es beruhigt bzw. sich mit ihm beschäftigt, es „lockt")
Lōner *m.*	Achsnagel
Lorka, -e *f.*	zu groß gewordenes Mädchen
Lōser *pl.*	Ohren
lōsn	horchen, zuhören
Lōter *m.*	Mann, Bursche, Geliebter; (a.) Bösewicht (Kinderschreckgestalt); (ü.) Schürzenjäger
Lōterbēt *n.*	Couch
lūdln	harnen, urinieren (von Kindern)
Lūg *f.*	Lüge
Lūgn(t)schipl *m.*	notorischer Lügner
Lukh *m.*	Deckel
lukhat	löchrig
Lukhn *f.*	Zaunöffnung, Lücke, Luke; Dackluke, oberstes Stadelfenster
Lulū́, Lúlu *n.*	Urin(ieren) (von Kindern)
lumpern, lumpm	zechen, ausgelassen sein
lupat	klein, winzig, ohne Wachstum, schlecht, wertlos
Lūsche	→ *Lustokh*
luspern	lispeln
Lustokh [-št-], Lūsche *m.*	„Luststock", Liebstöckl
Lūter	1. *m.* „Lutter", Zwischenprodukt beim Schnapsbrennen; 2. *f.* Alpen-, Bergerle

M

ma, mer [mə]	= *mir* (unbetont)
ma, man	man
mā	Ausruf der Verwunderung (z.B. *mā, is dâs schēn* „ist das schön!")
Mâchet *n.*	zerhacktes, eingepökeltes Fleisch (als Art Würze)
Mâchet<u>kh</u>ūgl *f.*	Speckverhacktes mit Mehl abgeknetet in Eierform (als Vorrat), (a.) = <u>Khāsmâchet</u>
māchln	Kleinarbeit leisten, basteln, heimwerken; (a.) pfuschen (im Sinne von unangemeldet arbeiten)
Mâd *n.*	Mahd, zu mähendes Gras
Mâder *m.*	Mäher
Mâdn *pl.*	Schwaden gemähten Grases; zu mähende Wiesen
Mâgn †, Mōn *m.*	Mohn
mai	1. mein; 2. Interjektion (Verwunderung, Enttäuschung u.dgl.)
Maierle *n.*	kleine Mauer
Maierṓn *m.*	Majoran
main (a Zwaigle mait si)	„ein Zweiglein mait sich", wenn sich im Mai seine Rinde leicht ablösen lässt
Maischgl *n.*	Stachelbeere (vgl. a. *Mauchale, -ele*)
Maischl, Maischale, -ele *n.*	Netzlaibchen (eine Speise)
Maitschgelen *pl.*	Stachelbeeren
Mâlat *n.*	zu mahlendes Getreide
Malter *m.*	Mörtel
Mân *m.*	1. Mann, Ehemann; 2. Mähne des Pferdes
Mandl *n.*	Brei, Mus (aus verschiedenen Früchten oder Beeren)

140

mān(an)	mähen
mānan	meinen
Mandle *n.*	Männlein, Männchen; Mann (scherzhaft); (ü.) unscheinbarer, meist älterer Mann, schwacher Greis; (a.) = *Tekhle*
ane Mandlan mâchn	widerspenstig sein, aufbegehren
Manéstra [-st- *u.* -št-] *f.*	dicke Suppe (aus verschiedenen Speiseresten), Art Eintopf
mangåre, -i	so Gott will, meinetwegen
Månspild *n.*	„Mannsbild" (meist schöner Mann oder pejorativ)
Mankale, -ele *n.*	schwacher (meist alter) Mann; Männlein (meist scherzhaft oder liebevoll)
Manke *m.*	Mann (scherzhaft, liebevoll u. dgl.); (a.) Manfred (Kurzform des Personennamens)
Mār, Moar *m.*	1. (Guts-)Verwalter, Oberknecht; 2. Führer einer Eisschießgruppe
mâr, mårb	mürbe, gut durchgebraten (*mâr* Adv. und Form ohne Flexionsendung; in der Flexion nur *mårb*)
Mårch *f.*	Mark, Grenze
Mårchstān *m.*	Mark-, Grenzstein
maría(na)	Ausruf des Erstaunens („Maria")
Maríln *f.*	Aprikose
Mārin, Moarin *f.*	Femininum zu *Mār* 1
maród	krank, schwach
Marschale, -ele *n.*	Grille
Marterle *n.*	Gedenkkreuz, Bildstock, Marterl
Martrer *m.*	Märtyrer
Mās, Moas (f./m.)	Maiß, Holzschlag

141

Māsa *f.*	Masse, Menge
Māsch *f.*	Futtermehl, Kleie fürs Vieh
Måtére *f.*	Eiter
måtschkern	nörgeln, sich abfällig äußern
Mauchale, -ele *n.*	Stachelbeere
Mauf *m.*	Dachboden (aus *ōbm auf*, → *Auf*, vgl. a. *Unterdâch*)
maulfaul	schweigsam
Mauswīr(e) *f.*	Mauswehr (Brett, um Hinaufklettern von Mäusen zu verhindern)
Maut *f.*	Zoll, Brückenzoll (auch als Volksbrauch zu Festlichkeiten wie Hochzeit u.dgl.)
Meakn *f.*	Delle, Einbeulung (Beschädigung)
Meamale, -ele † *n.*	Großtante, Base, Muhme
mekazn	meckern, nörgeln, etwas auszusetzen haben
melchn	melken
Mentsch	1. *m.* Mensch; 2. *n.* Mädchen, junge Frau (meist pejorativ); Buhlerin
Mentscher *pl.*	pl. zu *Mentsch* 2
Mentschin *f.*	Mädchen
mērer	mehrere
de mērern, mērign	die meisten, die Mehrheit (Art Superlativ)
mērast (s mēraste)	meist (das meiste)
Mērle *n.*	Karotte, Möhre
Mētn *f.*	Geschrei, Streiterei; (heute meist) Riesenspaß, Gaudi
Mias *n.*	Moos
Miasl *n.*	eine bäuerliche Salatmarinade
miasn	müssen
Mīlach, Mīle(ch) † *f.*	Milch

Milchschīsl *f.*	niedere, breite Schüssel zum Aufrahmen der Milch und zum Backen des → *Raindlings*
Minkale, -ele	= *Munkale, -ele*
mir	wir; mir
mir san mir	wir sind wir (im Sinne von „wir lassen uns nichts vorschreiben", „mischen Sie sich nicht ein" u.dgl.)
mīr-ålt	sehr alt, uralt
Mir<u>kh</u> *f.*	Gedächtnis
mir<u>kh</u>n	merken
Mirz † *m.*	März
Mirznvaigalan, -elen *pl.*	Märzveilchen
Mist prätn	Mist (als Dünger) streuen
Mist rādln	Mist aus dem Stall führen
Mistale, -ele *n.*	Luder; (a.ü.) schlimmes Kind
Mitåg *m.*	Mittag
Mítåg, Míte, -ti(g) *m.*	Mittwoch
Mizi, -e, Mizl *f.*	Maria (Koseform)
Moam *f.*	Base, Muhme
Moar	= *Mār* (insbes. in 2. Bedeutung)
Moas	→ *Mās*
Mōdl *m./n.*	Model, Butterform, Maß
moidúsch	meiner Seel' (Ausruf der Verwunderung, des Erschreckens u.dgl.)
mōl	weich, locker
Mōla, Mol(d)n *f.*	das Weiche im Brot
mōlat	weich, zart, locker
Molter, Multer *f.*	1. Backtrog; 2. Holztrog, Schüssel (aus einem Stück gehauen)
Molterle, Multerle *n.*	längliche Holzschüssel zum Abrühren und Kneten des Teiges
Mōnat	1. *n.* Monat; 2. *m.* Mond †

Mōnatlan *pl.*	Gartengänseblümchen
Moschpir *f.*	Beeren der Eberesche; (in Oberkärnten und Tirol) Heidel-, Schwarzbeere („Moosbeere")
Most *m.*	alkoholisches Getränk aus Äpfeln und Birnen, Obst-, Apfelwein
mozn	1. = *tschentschn*; 2. langsam arbeiten, zögern, zaudern
Muame † *f.*	Tante, Muhme
Muas *n.*	Mus, (a.) Schmarren, Koch
Muas(n)er *m.*	schmiedeeisernes Küchengerät zum Umrühren (zur „*Muas*"-Bereitung)
muatnan	brünftig sein (von Pferden)
Mūdlach *n.*	kleine Überreste; (ü.) Geld
Mūgl *m.*	Anhöhe, niederer Bergrücken; Stein; Stück Brot
mukazn	mucksen, sich rühren, aufbegehren
mukn	schweigen, trotzen; = *muksn*
muk di nit!	rühr dich nicht!
muksn	sich bewegen, sich rühren
mūlat	mürrisch, störrisch; hornlos (v.a. von Ziegen)
Mūle *m.*	Maultier, (ü.) unfreundlicher, mürrischer Mensch
Multer	→ *Molter*
Munkale, -ele *n.*	kleines Stück (Brot); Überbleibsel, Rest
Munkn *f.*	gekochter Hafer-, Gersten- und Bohnenschrot (= *Tålkn*)
mūrat	mürrisch
murds-	Vorsilbe zur Vergrößerung („Mords-")
Murkn *f.*	Gurke; (ü.) langsam arbeitende Person
Murmale, -ele *n.*	Murmeltier

Mūrn *pl.*	Brombeeren (→ *Prōmper*)
mūsnan	einschauen (beim Versteckspiel)
Muz *f.*	Katze
Muzale, -ele *n.*	Kätzchen
muz-muz	Lockruf für Katzen

Lei

I brauch jå lei a Hefele,
i brauch kan groaßn Kruag;
i brauch jå lei a Schrefele,
dånn hån i wårm genuag.

I brauch jå lei a Pitschele,
i brauch ka groaßes Fåß;
i brauch jå lei mei Gitschele,
daß i nit ausngrås.

I brauch jå lei mei Karntnerliad,
i brauch jå ka Konzert;
i brauch jå lei es Karntnergemüat,
bevor es finschter werd.

I brauch jå lei mei Karntnergwand,
i brauch kan Haufn Geld
i brauch jå lei mei Karntnerland
und nit de gånze Welt.

(aus: Ronacher, Durchgreitert)

145

N

nā	nein
Nāber *m.*	Bohrer
nabach	→ *abich*
nâchantern	nachäffen, nachmachen (→ *antern*)
nâcher	= *noacher*
nâchnt	in nächster Nähe, ganz nahe
nåchplign	nachtmahlen (Oberkärnten)
Nåchplig *n.*	Abendessen, Nachtmahl (Oberkärnten)
nåchtn, nachtn	gestern abends, vergangene Nacht
Nâdlgspīr *n.*	Spannkette
Nāgl	1. *m./f.* Nelke; 2. *n.* Rest, Überbleibsel („Neige")
Nagale, -ele *n.*	1. Nelke, Gewürznelke; 2. kleiner Nagel
nagst	unlängst
nai(ch)	neu
Naidl *n.*	Liebkosung, Umarmung
Nåkhapazl *n.*	nacktes Kind
nåkhat, nåkhntig	nackt
nāmla	sehr
nāmla wōl	wirklich, in der Tat
nān(an)	nähen
Nane	Anne (Koseform)
nåpfazn	(ein)nicken, leicht einschlafen
Nâr *m.*	Narr; (a.) heiratsfähiger, junger Bursche; verkümmerte Pflanze (die nicht reift)
Nârin, Nārin *f.*	Femininum zu *Nâr*
nârat, nārisch	närrisch
Nâsn *f.*	Nase; (ü.) Gespür

Nâterin *f.*	Näherin, Schneiderin
Nâtn, Nâtm *m.*	Atem
Nåtsch *m.*	Schwein
Nau<u>kh</u>e, Nau<u>kh</u>n, -k- *f.*	Kröte, Unke (= *Aukhn*)
neamer	nicht mehr, nimmer
neamp(t)	niemand
Neater *m.*	unbeholfender Mensch (der nichts weiter bringt, Not leidet usw.)
neatig	notwendig, nötig
neat(ig)n	aufdrängen, „nötigen"
Neatlerái *f.*	wählerische Art
neatlich	wählerisch (beim Essen und Trinken)
Ne<u>kh</u>lan *pl.*	Nockerln
Nēne *m.*	Großvater
Nepl, Nēb	→ *Epl*
neta	just, genau, gewiss, wahrscheinlich, vermutlich, richtig, gerade
Netsch *pl.*	Geld
a pâr Netsch	einige Euro (vormals Schillinge), ein bisschen Geld
niacht	nüchtern
niader	→ *aniader*
nialn	aushöhlen, eine Rinne ins Holz schneiden; (ü.) wühlen
nīderschwärn	„niederschweren", mit Gewicht beschweren
nīderwâschn	(stark) regnen, schütten
Nīgl *m.*	Igel; kleiner Bub
nīglnâglnái	ganz neu, funkelnagelneu
Nikalan *pl.*	Knirpse, ganz kleine in Öl ausgebackene Germ- (Hefe-) Teigstücke
niks	nichts; nicht (Negation)
er is niks dâ	er ist nicht da

niksnuzat, -nuzig	unbrauchbar, träge, arbeitsscheu
ninderst [-št]	nirgends
Nirndln *pl.*	Nieren (als Speise)
nischkln	lutschen, naschen (auch vom Geräusch, das dabei entsteht)
nit, (betont) nīt	nicht (Negation)
noacher	nachher, dann, später
noat	notwendig, nötig
Noatnigl *m.*	Notleider
No<u>kh</u>, O<u>kh</u> *m.*	Bergappellativ für abgeflachte Bergkuppen; kleiner länglicher Knödel, Nockerl
No<u>kh</u>ale, -ele *n.*	Nockerl (kleine ovale Knödel bzw. Klöße); kleiner, dicker Mensch
No<u>kh</u>n *f.*	Nocke; größeres Nockerl (kleine ovale Knödel bzw. Klöße); (ü.) dumme weibliche Person
Nōna *f.*	Großmutter
nōtig	1. geizig; arm; 2. starken Harndrang haben
Nuasch	→ *Uasch*
Nūdl *f.*	Nudel (sowohl als Teigware Schnitt- und Suppennudeln als auch gefüllte Teigtaschen wie u.a. *Khāsnūdln*)
Nūdlwålker, -wålger *m.*	Nudelwalker, Teigwalze
Nūsgreker *m.*	Nusshäher, -krähe
Nūsn *pl.*	Nüsse
Nutschi *n.*	Schwein (Kindersprache)
nuz (Adv.)	fleißig, brauchbar, nützlich, gut
er is niks nuz	er ist unbrauchbar, er taugt nicht

O

Oa(le) *n.*	Ei (= *Āle*)
oacher	= *âcher*
Oachern	= *Âcher(le)*
oachn	= *âchi*
oachnlātn	ableiten; schnell trinken
oachnwålkn	hinunterstürzen, -rollen
Oar *pl.*	Eier (regional)
Oastern *pl.*	Ostern
Ōbast, -est *n.*	Obst
Ōbast, -est *m.*	Obstler (Obstschnaps)
Ōbers *n.*	Sahne, Obers (in Kärnten neben *Rām* „Rahm" seltener gebraucht)
Ōberskhrēn *m.*	kalte Soße aus Kren (Meerrettich) und Obers (Sahne), die (u.a.) zum Osterschinken gereicht wird
ōfn	offen
Ōfn *m.*	Ofen
Ōfnkhrukhl *f.*	Ofenkrücke zum Herausschieben der Kohlenreste
Okh † *m.*	→ *Nokh*
oksnan	brünstig sein (von der Kuh)
Oksnzīm, -zēm *m.*	Ochsenziemer (getrocknetes Geschlechtsteil des männlichen Rindes, das einen langen, zähen Faserstrang ergibt)
Ōnes	→ *Ânes*
Ōrwaschl *n.*	Ohr(muschel)
Ōter *f.*	Otter (Giftschlange), Viper

P s. B
Qu s. KW unter G, K, KH

R

Râbasa *m.*, Râbasle *n.*	lebendiges, aufgewecktes Kind, Lauser
Râbmprätle *n.*	schlimmes Kind („Rabenbraten")
Râbmvīch *n.*	Rabenvieh, Luder
Radítsch(i) *m.*	Radicchio
Rādl *n.*	Teigrad (in der Küche); Fahrrad
rādln	Nudelteig mit dem → *Rādl* verschließen (neben dem → *khrendln* Technik bei der Herstellung der „Kärntner Käsnudeln")
Rādln *pl.*	Räder (Mehlspeisenform bzw. Art)
Rādlpo<u>kh</u> *m.*, -grute *f.*	Art Schubkarren (zum Führen von Mist, Ziegeln u.dgl.)
Rādltrūchn, -gn *f.*	Schubkarren, Scheibtruhe
Rāf *m.*	1. Reif; 2. Reifen
Râfl *f.*	Raffel, Gemüsehobel
rāfn	raufen, ausraufen, ausreißen
Raibm *f.*	1. Dornenbündel zum Abstreifen der Wiesen; 2. Art Mühle (Küchengerät); (ü.a.) Mofa, Moped
Raibgerstl [-št-] *n.*	Teigreis (aufgeriebener Nudelteig)
Raidn *f.*	Biegung (des Weges), Kurve, Straßenkehre
raiksnan	intim sein
Raim *m.*	1. Reim; 2. Glück, gutes Gelingen
raiman	1. reimen (a. negativ nicht der Wahrheit entsprechend); 2. passen, sich fügen
Rain(e, -a) *f.*	runde Schüssel oder Kasserolle; rundes niederes Koch- oder Back- gefäß; (runde) Pfanne (fürs Backrohr)

Raindl(e) *n.*	kleine „Rain", Schüssel (zum Kochen und Backen)
Raindling *m.*	Reindling, Art Gugelhupf (süßes Milchbrot mit Zimt, Honig und Rosinen), = *Wazan*
Rainkale, -ele *n.*	kleiner Reindling (Hefekuchen)
Rais *m.*	Angst
mir geat der Rais	ich habe Angst
Raisn *f.*	Arbeit (meist ironisch)
in der Raisn hâbm	unangenehm, unfreundlich behandeln (a.ü.)
in der Raisn sain	unangenehm, unfreundlich behandelt werden (a.ü.) (z.B. *eam hâmp se in der Raisn* „er wird gerade ... behandelt")
Raisn *n.*	Rheumatismus („Reißen")
Raistn *pl.*	Bündel gehechelten Flachses feines Gewebe aus Flachs, Garn
Raiter *f.*	Sieb
raitern	sieben
rakern	sich abmühen, schwer arbeiten
Råkl *f.*	Stange (mit Astresten); Holzbrett für den Zaun
rāln	schreien; widersprechen
Rām *m.*	Obers, Sahne
rāman	räumen
ramln	beischlafen
Rān, Roan *m.*	1. Rain; 2. abhängiges Flurstück, Hang
Rånft *f.*	Rand (vom Gefäß)
Ranftl(e) *n.*	Brotanschnitt
rangln	ringen (auf besondere Art)
Rangln *n.*	(eine besondere Art von) Ringen
rankhn	zanken, streiten
Rantl *n.*	Bohnenstange; Zaunlatte

Rapl	Zorn, Wut, Verrücktheit
Rapúnzl *m.*	Vogerl-, Feldsalat
Rātach *m.*	Rettich
Rātl, Roatl *m.*	Hebelgerät zum Kettenspannen
ratschn	1. tratschen;
	2. ratschen (in der Karwoche)
Rauber, Räber *m.*	Räuber
rauchn	räuchern (mit Weihrauch vom Advent bis zum Dreikönigstag, alter Volksbrauch)
Rauchkhūchl, Rāch- *f.*	„Rauchküche", Küche mit offenem Herd
Raudn *f.*	Räude
Raunkn, Raukn *pl.*	Gebäck oder Fleischgericht in Form von unförmigen Knödeln
raunkazn	raunzen
rauschig	betrunken
Råz *m.*	Ratte
Razlpårt *m.*	Schnurrbart
Razn *pl.*	herabhängende Schnurrbarthaare
Rea(ch) *n.*, Reach *pl.*	Reh
Ream(an) *m.*	Riemen
Reankn *m.*	Stück (Brot)
reazn	eine Kerze anbrennen, zündeln
rēbasn, -azn	ein leichtes Wortgeplänkel führen; zanken, streiten
rēchn(an)	mit dem Rechen rechen
rechnan	rechnen
Rekhle *n.*	Röcklein (sowohl als Herren- als auch Damenkleidungsstück)
rekhn	1. würgen, ein Gefühl des Erbrechens haben, Brechreiz verspüren; 2. dehnen, strecken, hinaufreichen

remln	kopulieren (Katzen, Hasen u.a. kleinere Tiere)
rendln	Getreide enthülsen
Rērle *n.*	Strohhalm (zum Trinken), (eig.) Röhrchen
Rērlsalât *m.*	Löwenzahnsalat
rērn	weinen („röhren")
rēsch	knusprig
Riapl *m.*	Rüpel, ungehobelter Bursche
Riapale, -ele *n.*	Eidechse
Rībisl, Rībasl *f.*	Johannisbeere, Ribisel
richtig, richte	wirklich; richtig
Rīfl	1. *f.* Riffel, Kamm; 2. *m.* ungehobelter Mensch
rīfln	durchkämmen
rīflat	rauh
Rīgl *m.*	1. kleiner Hügel; 2. Riegel, Querverschluss; 3. ringförmige Unterlage zum Tragen von Körben auf dem Kopf
rīgln, rikln	rütteln, auflockern
Rikhl *n.*	kleine Weile (eine Art Zeitmaß)
Ringlő *f.* (Ringlőtn *pl.*)	Reineclaude, Ringlotte
rīn-augat	triefäugig
rinkh	leicht, gering
ripln	reiben
Rīrmilch *f.*	Buttermilch („Rührmilch")
Rīse, Rīsn *f.*	„Riese", Rinne am Berghang (natürlich, und künstlich fürs Holz)
Ritschat *n./m.*	Speise aus gekochter Rollgerste mit Bohnen oder Erbsen sowie mit Geselchtem
roach	roh
Roan	→ *Rān*

Roanhu<u>kh</u>e *m.*	Notleider („Rainhocker")
Roaper *f.*	„Rotbeere", Erdbeere
roat, rōt	rot
Roatl	= *Rātl*
roatln	drehen
rōdln	1. rodeln; 2. rollen, kollern
rōgla(t)	locker, beweglich (*rōgla* Adv. und Form ohne Flexionsendung, *rōglat* in der Flexion), wacklig
Rokn *m.*	Roggen
Rolgerstl [-št-] *n.*	durch Rollen oder Stampfen geschälte Gerste
Roml *m.*	Schmutzfink
Romale, -ele *n.*	schmutziges Kind
romlat	fleckig; schmutzig (im Gesicht)
Rōne *f.*	rote Rübe, rote Bete, Rande
rōte (roate) Rōnan *pl.*	genauer statt *Rōnan*
Rōsgh<u>åkh</u> *n.*	Heuabfall beim Stock
Rōswepsn *f.*	Hornisse („Rosswespe")
rōt	→ *roat*
Rōtholer, -holder *m.*	roter Holunder
Rōt<u>kh</u>raut *n.*	Rotkohl, Blaukraut
Roz	Rotz
Rozlēfl *m.*	„Rotzlöffel", frecher Jugendlicher usw.
Rozpipm *f.*	Rotzbub, schlimmes Kind
Ruabe *f.*	Kartoffen (Lesachtal, „Rübe")
Ruabm *f.*	Rübe; (ü.) Kopf
Rukn *m.*	Rücken
ru<u>kh</u>n	rücken
Rumpler *m.*	1. Gepolter; 2. kleiner Holzschlitten aus drei Brettern
rumpln	lärmen
rund-umatúm	rundherum

runkat	rund, niedlich
Runkl *f.*	Futterrübe
Runsn *f.*	Rinnsal
rupfan	grob gewebt (Leinwand), aus grober Leinwand
rupfat	aus grobem Leinen
Rupfn *n.*	grobes Leinen
Rupfn und Raistn *pl.*	grobes und feines Gewebe
rūsln	rutschen, gleiten
Rutschn *f.*	Rutsche
a Rutschn hâbm auf	hingezogen sein zu

Die Erschaffung der Welt

Jâ, jâ! hât unsar Hergott gmant,
wia a allanig umalahnt.
I waß genau, wås mir no fehlt!
I hett so gern a eigne Welt!

Kaum hât a driba nâchgedâcht,
hât a si schon âns Schepfen gmacht.
Zerscht in Himml und de Erdn,
dånn sågg a, dås es liacht soll werdn.

De Wåssa såmmlt a in Meer
und schiabb de Berglan hin und her.
Dånn tuat a no die Wiesn san
und bunte Bleamlan einestran. ...

(aus: Tuschar, Liacht is wurdn)

S

s	es (z.B. *s is* „es ist") , das (z.B. *s Khind* „das Kind")
sāchn, soachn	urinieren
Sāfn *f.*	Seife
Saftl *n.*	Arznei; Saft
saftln	tröpfeln, Flüssigkeit abgeben; (ü.) gerne u. oft alkoholische Getränke zu sich nehmen
Sâg *f.*	Säge
Sâger *m.*	treffendes, kluges Wort („Sager")
sâgln	sägen; (ü.) schnarchen
Sâgschātn, -schoatn *pl.*	Sägespäne
sai	sein
saichn	seihen
Saidl † *n.*	kleines Bier, Seidel, Seitel (0,3 Liter)
Saier *f.*	Molkenessig
Saika	→ *Sauka*
Saikale *n.*	kleine Sau (von *Sauka*)
sa<u>kh</u>risch (Adv.)	sehr besonders
Sāl *n.*	Seil
Sâlat †, Salât *m.*	Salat
Salétl *n.*	Gartenhaus
Sâlfe *m.*	Salbei
Sâlsn *f.*	Sauce, Fruchtsülze, Art Marmelade
sâlzn	salzen
ane sâlzn	eine Ohrfeige geben
Sām *m.*	Saum
Sâm *m.*	Samen
sāman	Lasten befördern („säumen")
sān(an)	säen
sanemâl	letztens

Sāsaka *n.*	Verhacktes (= *Verhåkhtes*)
Sât *f.*	Saat
Satrái *f.*	Saturei, Pfeffer-, Bohnenkraut
sauber	sauber; hübsch
Saudirn *f.*	Schweinemagd
Sauerrām *m.*	saure Sahne, saurer Rahm
Sauertāg *m.*	Brothefe (zum Treiben des Brotteiges)
Sauka, Saika *f.*	Sau
Saumâgn *m.*	1. alles vertragender Magen;
	2. unflätig redender Mensch
Saupånz *m.*	lästiges, kleines Kind
Saupartl *n.*	Schmutzfink (v.a. Kinder)
Saupēr *m.*	„Saubär", Eber
Sauplotschn *pl.*	Huflattich(blätter)
sāwer	sauber
Schāb *m.*	(Heu-, Stroh-) Garbe, Bündel
	(„Schaub"; Nebenformen *Schaup*,
	Tschaup; → *schapn*, → *tschaupat*)
Schâf *n.*	Schaff
Schâfle *n.*	kleines Schaff
schaibm	wälzen, fortrollen, rollend bewegen
Khēgl schaibm	Kegel scheiben, kegeln
Schaibtrūchn, -gn *f.*	Schubkarren
Schaitl *n.*	kleines Holzscheit
a Schaitl zualēgn	sich beeilen
Schālale, -ele *n.*	kleine Schale, Tasse
Schām *m.*	Schaum
schâman	schämen
Schâml *m.*	Schemel
Schâmale, -ele *n.*	kleiner Schemel
Schante † *m.*	Gendarm (ehemaliger Landpolizist)
Schanzln *n.*	Spielweise beim Kegeln mit dem Ziel,
	möglichst viele Kegel umzuwerfen

schapm, tschapm	mit der Rute schlagen (Volksbrauch am Tage der unschuldigen Kinder), → *Schāb*
Schāra, -e *f.*	Schere
Scharling(e) *pl.*	kleine Holzteile, die beim Schneiden und Spalten des Holzes anfallen; (a.) ein Trockengebäck für Holzknechte
Schartl † *n.*	= *Raindling*
Schårtn *f.*	1. Scharte; 2. Gebirgspass, Einschnitt im Bergkamm
Schās *m.*	Furz; (ü.) Blödsinn
Schātn, Schoatn *pl.*	kleine Holzteile (die beim Holzhacken anfallen), vgl. *Sâgschātn*
Schåtsaitn *f.*	Schattseite, im Schatten gelegene Seite des Tales (an der Nordflanke des Gebirges)
Schauer, Schāwer *m.*	Hagel, Gewitter; Regenschauer
schauern, schāwern	hageln
schaugn	schauen
Schāwer, schāwern	→ *Schauer, schauern*
schean, schēn	schön; (Adv.) sehr
schean mâchn	sich pflegen, schön machen
Schēberle, -lan *n.*	kleiner Schober, Haufen; biskuitähnliche Suppeneinlage
Schēder, Scheader *m.*	Mundwinkel
in Scheader wait ōfn	den Mund ganz offen, weit geöffnet habend
Schēdlan, Scheadlan *pl.*	dünn zerhackte Scheite; (ü.) ein Gebäck (Polsterzipf)
schekhat	scheckig, bunt
schekhate Gās, Goas *f.*	eine Fastenjause (Topfen mit Kletzen oder Dörrzwetschklen)
schelch	schief

Schēler *pl.*	Schalen (von Obst und Gemüse)
Schenírer *m.*	Schamgefühl, Anstand, Zurückhaltung
er/si håt <u>kh</u>an Schenírer	er/sie hat überhaupt keine Hemmungen, kein Benehmen
schenírn	belästigen, unangenehm werden („genieren")
schepfn	schöpfen, arbeiten
Scheps *m.*	Hammel, Schöps; (ü.) Dummkopf
Schepser *m.*	Rindenschäleisen
Schepserns *n.*	Schöpsernes (Hammelfleisch)
schepsn(an)	entrinden
Schēr *m.*	Maulwurf
Schērhaufn *m.*	Maulwurfshügel
scherman	sich bei einem Unwetter unterstellen („schirmen")
schērn	sich kümmern um
Scherzl *n.*	erstes angeschnittenes Stück vom Brot (mit viel knuspriger Rinde), auch das letzte Stück vom Brotlaib/-wecken
Schiaberle *n.*	Haarspange
schiach	hässlich; sehr
schiach schean	sehr schön
schiaglat	schielend
schiagln	schielen
Schialer † *m.*	= *Schualer*
Schīberlan *pl.*	getrocknete Apfelspalten
schībern	aufhäufen
schichtig	scheu, schreckhaft („schüchtig")
Schimpl *m.*	Schimmel, Kahm
Schīfer *m.*	abgesprungenes Stück Holz oder Stein
Schi<u>kh</u>dian *f.*, -pua *m.*	„Schickdirn, -bub", junge Botengänger
Schīnakl	Nachen, Kahn

159

schīnakln	→ *tschīnakln*
schindn	Haut abziehen; (ü.) sich abmühen, schwer arbeiten
Schinder *m.*	Abdecker; (a.) schwer arbeitender Mann
Schinderái *f.*	Schwer(st)arbeit
Schindl *f.*	1. Schindel (aus Holz zum Decken des Daches); 2. Schale, Rinde
Schindl afn Dâch	(Redewendung, etwa: „Nicht weitersprechen, das ist nichts für Kinder!")
Schindluader traibm	Raubbau betreiben, vergeuden, ausbeuten
schirg(l)n	verraten, verpetzen (von Kindern an Aufsichtspersonen); angeben, ausplaudern
Schīsale, -ele *n.*	niedere kleine Schüssel
Schīsl *f.*	Schüssel
Schīslkhorb *m.*, -rēme *f.*	Gestell zum Aufbewahren großer Schüsseln
Schkual *m.*	Sküs (höchste Spielkarte beim Tarockieren)
schlabúzig, -ézig	schlecht gekleidet, schlampig, abgerissen, ungepflegt
schlachtign	schlachten
Schläfn *f.*	Schleife (Holzkufen zum Transportieren von Lasten)
Schlâg *m.*	Schlagobers, Schlagsahne (steif geschlagen)
Schlāgl(e) *n.*	1. Schlag (Krankheit); 2. Vogelschlag (a. zum Fangen von Vögeln)
Schlâgrām *m.*	Schlagobers, -sahne
Schlaim *m.*	Wut, Zorn; Schleim

schlaisig	schlecht, zerschlissen; in schlechtem Zustand
schlåmpat	schlampig, unordentlich
Schlåmpatåtsch *m.*	unordentlicher Mensch
Schlankl *m.*	Spitzbub
Schlapf *m.*	Fahrzeug zum Transport des Holzes ins Tal; Hinterteil des Schlittens; (a.) Hausschuh
Schlapfn *pl.*	Hausschuhe, Pantoffeln
Schlawánker *m.*	Jacke, Joppe
Schlazalan, -elen *pl.*	Tonkugeln (zum Spielen für Kinder)
schlazig	= *schluzig*
Schlazkhīgalan, -elen *pl.*	Murmeln (Kugeln zum Spielen)
schlazln	mit Murmeln spielen
schlēgern	Holz fällen
Schlēgl *m.*	Schlögel, Keule
Schlekhach *n.*	Schleckereien, Süßigkeiten
schlepern	(schnell) trinken, schlabbern
Schliafe *m.*	Kriecher; (meist) ungehobelter, grober Mensch, (a.) Schurke
schliafn	kriechen, schlüpfen
Schlikhkhrapfalan, -elen *pl.*	gefüllte Nudeln als Suppeneinlage (mit Fleischfülle)
Schlikhl(e) *n.*	kleiner Schluck
schlikhn	schlucken
schlindn	verschlingen, hastig essen („schlünden")
Schlüf *m.*	Versteck; Engstelle
schlunzn	schlafen
schluzig	schleimig, glatt
Schmålz *n.*	(ausgelassenes) Schweinefett, geschmolzene Butter
Schmålzplatlan *pl.*	Scharbocks-, Pfennigkraut (Pflanze)

Schmårn *m.*	Schmarren, ein Pfannengericht mit Mehl, Grieß oder Kartoffeln; (ü.) Unsinn, wertloses Zeug
Schmåzer *m.*	(schmatzender) Kuss
schmek͟hn	„schmecken"; riechen, erraten; an etwas Gefallen finden
an nit schmek͟hn kh͟īnan	jemanden nicht leiden können
schmirbm	schmieren
Schmöln, -e *f.*	Schmolle, das Weiche im Brot
schmūdelig	unsauber, schlampig, halb verdreckt
schnabulírn	essen (scherzhaft)
schnaibm	schneien
Schnaid *f.*	Schneide; (ü.) Bergkamm, Mut, Spielhahnfeder
Schnaiztiachl *n.*	Taschentuch
Schnakale, -ele *n.*	Schluckauf
schnakln	zittern, schnappern
schnaksln	Geschlechtsverkehr haben
Schnåps *m.*	Branntwein
schnapsln	Schnaps trinken
Schnåpsn *n.*	Schnapsen (Kartenspiel 66)
Schnāsn *f.*	Reihe, Schneise
Schnâtern *f.*	Mundwerk
schnâtern	viel (und meist nichts vernünftiges) reden
Schnâterpiksn *f.*	Plappermaul („Schnatterbüchse")
schnātn, schnoatn	abhacken, abschneiden
schnaudn	atmen
schnazln	schnetzeln, klein machen
schnead	unansehlich, klein, unscheinbar („schnöde")
Schneadale, -ele *n.*	letztes Kind einer Ehe
schneakern	mit dem Taschenmesser oder der Schere schneiden

schnēgln	werfen, schleudern
Schnek *m.*	Schnecke
Schnītlach *m.*	Schnittlauch
Schnītlan *pl.*	kleine Schnitten
Schnizl, Schnizale, -ele *n.*	Schnitzel (Fleisch)
Schnizlach *n.*	(Papier-, Holz-) Schnitzel *pl.*
Schoatn	→ *Schātn*
Schōber *m.*	Heuhaufen
Schōf *n.*	Schaf
Schōsn *pl.*	Zaundurchgang mit verschiebbaren Holzstangen
Schōtn *m.*	Topfen, Quark, hergestellt nach älterer Methode; Weichkäse
Schōt(n)-nūdln *pl.*	Topfennudeln
Schōtraunkn *pl.*	rundes Gebäck aus Topfenteig
Schrā *m.*	Schrei
Schrâgn *m.*	Schragen, Holzgestell in Tischform, Art Gerüst; (ü.) hagere Person (v.a. Frau)
schrain(an)	schreien
Schraufn *m.*	Schraube
Schrēfl *m.*	Kleinholz
schrēfln	Holz hacken
schrems	quer, verkehrt, schräg gegenüber
Schremsn *f.*	Delle, Kratzer
Schrepfl *n.*	Holzscheit
schrepfn	schröpfen, Blut ablassen (heute meist ü.)
Schrikh *m.*	Riss
schrikhig	rissig, zer-, gesprungen
Schrock *m.*	Schreck, Schock
schrumplat	runzelig
Schuach *pl.*	Schuhe

Schuag †, Schua(ch) *m.*	Schuh
Schual *f.*	Schule
Schualer *m.*	Schüler
Schualzeker *m.*	Schultasche
Schupfn *f.*	Schuppen
Schupfnüdln *pl.*	besondere Art Nudeln (gerollt aus Kartoffelteig)
Schūs *m.*	rasende Geschwindigkeit; Vorschuss, Vorauszahlung; (ü.) Verrücktheit („Schuss")
schwābm	schwemmen, spülen
Schwachta, -å- *m./n.*	Sippschaft (abwertend)
Schwāg *f.*	Schwaige (Almwirtschaft mit Käseerzeugung)
Schwainern(e)s *n.*	Schweinefleisch
Schwainshaksl *n.*	Stelze, Eisbein
Schwammale, -ele *n.*	Speisepilz
schwanzn	1. schwänzen, der Schule fernbleiben; 2. ärgern
schwār	schwer
Schwartling *m.*	grobes Brett (An- oder Endschnitt)
Schwårzper, -pīr *f.*	Schwarz-, Heidelbeere
schwårzmurkat	schwarzartig, fleckig (von Tieren)
schwårzriklat	schwarz gefleckt
schwendn	vom Gestrüpp säubern, urbar machen
Schwingl, Schwinkl *m.*	Teil des Dreschflegels, Schwengel
Schwiz *m.*	Schweiß
sē, Sē	sie, Sie (betont)
sēbm	damals
Sēch(aisn) *n.*	Pflugmesser
sēchn, sēgn	sehen
sechtan	solch

Sechter *m.*	Holzgefäß (konisch, zum Melken), (a.) Kübel
sēge	jener, -e, -es
sekhánt, -k- (Adj.)	einer, der sekkiert
sekhírn, -k-	ärgern, belästigen
Selcher *f.*	geräucherte Wurst
Selchflaisch *n.*	geräuchertes Fleisch
selchn	räuchern
Selchwirst [-št] *pl.*	geselchte bzw. geräucherte Brühwürste
Sēler *m.*	Sellerie, Zeller
selewól	wohl, freilich, in der Tat
Seml *f.*, Sēmale, -ele *n.*	Semmel, Brötchen
sempern	nörgeln, ständig schimpfen
Sēn *m.*, Sēnin *f.*	Senner(in), Bewirtschafter(in) einer Alm
sēn(an)	ihnen
Sender *m.*, Sendin *f.*	= *Sēn(in)* (Oberkärnten, Lesachtal, Osttirol)
sēner	ihr (possessiv, 3. Person)
sētane	solche
sgót	Grüß' Gott (häufigste Begrüßung, → **7**)
siadn	1. sieden; 2. dahinjammern, leise vor sich hinschimpfen
siadntig	siedend heiß
sībane, -ene	→ *sīm(e)*
sīder	seit(dem)
sīdln	übersiedeln, sich niederlassen
sīfln	auf dem Eise gleiten, an steilen Hängen rutschen
sīm(e), sībane, -ene	sieben

Sīmandl *n.*	ein Mann, der sich von seiner Frau alles gefallen lässt, Pantoffelheld
Singes(n) *f.*	kleine, hell klingende Viehglocke
sinírn	nachdenken („sinnieren")
Sipschåft *f.*	Sippschaft (pejorativ)
Slowéner *m.*	Slowene (meist abfällig und pejorativ)
soachn	→ *sāchn*
Solder *m.*	Trockenbalkon („Söller"; Lesachtal)
Sōs *f.*	Soße, Sauce
Spaibe *f.*	Erbrochenes
spaibm	speien, erbrechen
Spāl *m.*	Holzschiefer, -splitter, Span
spât	spät
Spaze *f.*	Zwischenraum, Fuge; Freiraum
spazn	Bäume entästen, Reisig abhacken
Spåz *m.*	Sperling, Spatz
Spazlan, -len *pl.*	Spätzle
Spåzn *pl.*	Muskelschmerzen („Spatzen")
Spåzn hâbm	einen Muskelkater haben
spechtln	spähen, neugierig schauen, beobachten
Spe<u>kh</u>verhå<u>kh</u>ats *n.*	= *Verhå<u>kh</u>t(e)s*
spekulírn	nachdenken („spekulieren")
Speltn *pl.*	Holzbretter für den Zaun
Speltn<u>kh</u>raut *n.*	aufgeschnittene und gedünstete Kraut- oder Kohlstrünke
Spēnâdl *f.*	Stecknadel
spēnan	Kind der Mutterbrust entwöhnen (auch von Haustieren); letztes Patengeschenk geben
spēr	ungut, unwohl; schwierig, kompliziert; rauh, hart, trocken
Spīna, -e *f.*	Muttermilch

spīnan	spinnen; (ü.) geistig nicht ganz normal, leicht verrückt sein
spīnat	geistig nicht ganz normal, leicht verrückt
Spiná_t_ *m.*	Spinat (Gemüse)
Spīnawēbm, -wētn *pl.*	Spinnweben
Spinerin *f.*	Spinne
Spinókl *pl.*	Augengläser (scherzhaft)
spīrn, spērn	sperren, bremsen
spīsn	sträuben, widersetzen („spießen")
Spiz *m.*	Spitze, spitzer Teil eines Gegenstandes; Bergappellativ
Spraislan *pl.*	Sprossen (der Leiter), Holzstäbe
Spránz *m.*	Rand, Ende (des Holzblocks); letztes Eck
spranzn	Abnehmen der scharfen Kanten bei Holzblöcken; entästen
Springínkale, -ele *n.*	kleines, aufgewecktes Kind
Stāb *m.*	Staub
stābm	verjagen („stauben")
Stâchl *m.*	1. Stachel; 2. Stahl, Stahlkern des heißem Bügeleisens
Staikale, -ele *n.*	= *Staukale, -ele*
Stampale, -ele *n.*	kleines Gläschen, Schnapsglas
stampern	davonjagen, vertreiben
Stånder *m.*	fester (stehender) Teil der Mühle
Stan(d)lan *pl.*	kleine Steine; Edelsteine
Standrach *n.*	Gestein
Stānmandle *n.*	Steinmännchen (vgl. *Mandle*)
stantepé̄(de)	sofort, auf der Stelle
Stapfl, Stāfl *f.*	Stufe
stāt, -d (Adv.)	still, ruhig
Stâ̄t-schlankl *m.*	ein Feiertagsgebäck

staubm	mit Mehl bestäuben
Staudach *n.*	Gebüsch
Staukale, -ele *n.*	kleines Garbenmännlein
Staukn *f.*	Garbenmännlein
stean, stēn	stehen
Stelzn *f.*	Stelze, Eisbein
Sternsingan *n.*	Volksbrauch zum Dreikönigstag
Sternsinger *pl.*	Teilnehmer am → *Sternsingan*
Sterz *m.*	Art Polenta (Schmarren aus erhitztem Mehl mit Fett und Wasser)
Sterzgâbl *f.*	zweizinkige Gabel zum Abrühren von Sterz
stikhl	steil
Stingl *m.*	„Stengel", Griff
stirkhn	stärken (von der Wäsche)
Stürl(e) *n.*	kleiner Stier, Stierkalb
Stürler *m.*	einer, der (ungewollt oder illegal) herumstöbert; (ü.) Aufwiegler
stīrln	herumstöbern, suchen
stīrn	1. „stieren", brünstig sein (von der Kuh); 2. stöbern
Stirzler *m.*	Landstreicher, -störzer, Herumtreiber
stirzln	→ *Stirzler* sein; (ü.) aus dem Alltag ausbrechen (zur Unterhaltung)
Stirzlstrikh *m.*, -khētn *f.*	Strick/Kette zum Niederbinden des Wiesbaumes
stoasn, stōsn	stoßen
Stokh *m.*	aufgeschichtete Vorräte von Getreide, Futter, Viehstreu
stokh-	(verstärkende Vorsilbe) durch und durch
stokhdáitsch	durch und durch deutsch
stokhn	Holz fällen

sto<u>kh</u>slowēnisch	durch und durch slowenisch
Sto<u>kh</u>zånt, -zân *m.*	Stock-, Backenzahn
Stoz	Holzfass
strāfn	abstreifen; Holz treiben; transportieren
strāln	kämmen
strâln	Harn lassen (von Tieren)
strān	streuen
Strankale, -ele *n.*	Fisole, grüne Bohne
Straubm *f.*	schmalzgebackener Krapfenteig, der in Backfett eingegossen wird
strawánzn	streunen, strawanzen
Strēb *f.*	Streu
Strempfl *m.*	Zaunpfahl, Pfahl überhaupt, Gerät zum Stampfen
Strizl *m.*	Striezel
Strizlwerfn *n.*	„Striezelwerfen" (Volksbrauch in Stein im Jauntal zum „Agathentag", 5. Februar, an dem die Kirchensänger die so genannten Striezel, kleine geweihte Brötchen, unter die Anwesenden werfen)
Strūdl *m.*	Strudel (mit „ausgezogenem" Strudelteig)
Strukl *m.*	Art Strudel (nudelteigähnlich)
Struz *m.*	Brotwecken; Striezel
Stual *m.*	Stuhl
Stūch *m.*	Stich (im Kartenspiel)
Stu<u>kh</u> *n.*	Stück (beim Zählen)
Stupfer *m.*	Stich
stupfn	stechen
stupfig	stachelig
Stūs *m.*	Unsinn
stukazn	Schluckauf haben

Sulz(n) *f.*	Sülze
Sūmer *f.*	Sommer
sumpern	summen, brummen; kritisieren, halblaut schimpfen
Sūn, Sōn *m.*	Sohn
Sūne, -a	Sonne
Sūnroasn *f.*	Sonneblume („Sonnenrose")
Sūnsaitn *f.*	Sonnseite des Tales (auf der Südflanke des Gebirges)
sunst	sonst
Suntåg, -te, -ti(g) *m.*	Sonntag
Supmschīsale, -ele *n.*	kleine Schüssel (meist mit Henkel) zum Essen von Suppe bzw. Auslöffeln von Kaffee und Milch
Sūr *f.*	Fleischbeize (vor dem Selchen)
Sūrflaisch *n.*	eingepökeltes Fleisch
Surm *m.*	1. Rausch; Gesumse, Geräusch; 2. Langweiler

T s. D

TSCH
(s.a. SCH)

Tschafitl *f.*	= *Tschufitl*
Tschak *m.*	1. kastrierter Ziegenbock; 2. Art Hut
Tscháldra *f.*	schwerfällige Frauensperson
Tschalperle *n.*	Kleinkinderspielzeug, das Geräusche erzeugt
tschalpern	klingen, schallen
Tschåpale, -ele *n.*	einfältiges Kind, dummer (aber gutmütiger) Mensch
Tschåpalwâser *n.*	(scherzhaft) Mineralwasser, alkoholfreies Getränk
tschapírn	flüchten, abhauen
Tschåpl *m.*	ungeschickter Mensch
tschäri gēn	verlorengehen, kaputt werden
Tschatsch *m.*	wertloses, unnützes, schlechtes Zeug
tschatschln	spielen; intim sein
tschåtern	tröpfeln (bezeichnet auch das Geräusch, das beim *Tröpfeln* entsteht); dumpf tönen, brodeln
tschaupat	zerzaust, unansehnlich; (ü.) kränklich (→ *Schaub*)
tschaupm	sich fürchten
Tschedra *f.*	Tabakpfeife
Tschelperle *n.*	= *Tschalperle*
Tschentsche *m.*, Tschentschn *f.*	wer ständig raunzt (→ *tschentschtn*)
tschentschn	weinerlich jammern, raunzen, ständig nörgeln
tschepern	klirren, klappern
tscheprat	hinfällig, klapprig
Tscherfl *m.*	Schuh (pejorativ); a. Schimpfwort

tscherfln	schürfend gehen
Tschetschn *f.*	= *Tetschn* 2.
Tschik *m.*	Kautabak; Zigarette
tschik (Adv.)	schlecht, krank; nichts wert
der is tschik painånt	er ist bei schlechter Gesundheit
tschikn	Tabak kauen; (heute meist) rauchen
tschīnakln	schwer arbeiten, sich abmühen
tschindern	klirren, klingen; (ü.) kollidieren
Tschīnehane *m.*	Einfaltspinsel
Tschinkale, -ele *n.*	krankes und schwaches Wesen
tschinkat	krank, schwach (Tier, a. Mensch)
Tschinke *m.*	krankes und schwaches Wesen (von Tieren und Menschen)
Tschinkl *m.*	Taschenmesser
Tschipl *m.*	Schüppel, kleine Menge, Haufen
tschipln	ziehen (an den Haaren oder Ohren)
tschirkln, -rgln	schielen
Tschmauke *m.*	ständig jammernde, nörgelnde Person
tschmauk(er)n	leise jammern, ständig unzufrieden sein
tschmerk(er)n	(weinerlich) nörgeln; weinen (von Kindern), flennen
Tschmoike *f.*	halbfaule, zerdrückte Birne, zu weiches Obst; (ü.) kleiner Mann
Tschōder *m.*	wirres zerzaustes, ungekämmtes (dichtes) Haar
tschōdern	an den Haaren reißen
tschōdrat	mit zerzaustem Haar, struppig, unfrisiert
Tschoia, -e *m.*	Eichelhäher; (ü.) aufgeputzte Person
Tschokh *m.*	Menge; Menschenansammlung, Schock (Maß)
tschokhn	anhäufen

Tschompe *pl.*	Kartoffeln (Gailtal)
Tschopf, Schopf *m.*	Dachschräge an der Stirnseite des Hauses (beim Walmdach)
tschpât	→ *z spât*
tschreapm	misstönen, klirren, das Geräusch von zerbrechenden Töpfen u.dgl. erzeugen
Tschreapm *f.*	Geschirr, Kochtopf; Scherben
Tschriap *m.*	Tölpel
Tschriasche, -schl *m.*	Schwachkopf
Tschufitl *f.*	Kauz, Eule; Frau mit zerrauften Haaren
Tschumpus *m.*	Gefängnis
Tschüre *m.*	langsam arbeitende Person
tschürn	trödeln, langsam arbeiten, nichts weiterbringen, nichts Nützliches tun
Tschurtschn, -tsche *f.*	Zapfen der Nadelbäume; Maiskolben
Tschüsch *m.*	Südslawe (pejorativ, Schimpfwort)
Tschwâte *m.*	einfältiger Mensch
Tschwespm [-š-] *f.*	Zwetschke
Tschwutschkale, -ele *n.*	= *Zwutschkale, -ele*

U

Uasch, Nuasch *f.*	Wasserrinne
über-	→ *īber-*
umanånd	herum
umasíst, -súnst	umsonst, vergebens
umatúm	rund herum („um und um")
um(atum)schlâgn	herumschlagen; (ü.) fremdgehen
ume, -i	hinüber
umehēbm	betrügen, übervorteilen
umer	herum
umerjaikhn	herumjagen; herumtollen
umerkhåspern [-š-]	wie ein Kasperl sein, herumalbern
umerpfleastern	tatenlos herumsitzen
umerplērn	herumschreien, -klagen
umerraiksn(an)	herumturnen (von Kindern auf Erwachsenen)
umerschnūdln	liebkosen, schmusen
umersiadn	schimpfen, nörgeln, brummen
umertaifln	„umherteufeln", ausgelassen sein (von Kindern)
umertāmischn	herumtollen
umertåpm	herumtappen, -stolpern
umertschūrn	arbeiten ohne sichtbaren Erfolg, trödeln
umgekhait (PPP)	umgestürzt, -worfen (→ *khain* 2)
umlēgn	sich umziehen
umpaun(an)	umbrechen
umplatln	umblättern
un-ēbm	uneben, glatt
nit un-ēbm	gut, hübsch, angenehm
Unfruat *m.*	1. Unart; 2. Mist, Abfall

ungekhait (PPP)	ungeplagt, in Ruhe, unangefochten (→ *khain* 2)
unkhraimp(t)	unordentlich, ungut („ungereimt")
Unraim *m.*	Unglück, Pech
Unterdâch *m./n.*	Dachboden
Untergāte *f.*	Unterhose
unterkhēman	„unterkommen", passieren, geschehen, vorfallen
unterse	abwärts, bergab; unterhalb
unterspikht	mit Fett durchzogen
Untertazn *f.*	Untertasse
ūrasn	verschwenden (v.a. Essbares)
Urpär, Urper *m.*	Eber („Urbär")
urntlich	ordentlich
Urschl *f.*	Ursula (Personenname); (a.ü.) dumme Frauensperson (Schimpfwort)

V s. F

W

Wābm *f.*	altes Weib (meist pejorativ)
wāchln, wachtln	wehen, einen Luftzug erzeugen, winken
wāch schaibm	(beim Kegeln) die Kugel nicht richtig aufsetzen
Wåchter *m.*	Wächter
Wād *f.*	Weide
Wādn *f.*	Schneewächte
wādn(an)	Schnee wehen
waichn	1. weihen; 2. weichen
Waichwâser *n.*	Weihwasser
Waimper *f.*	Weinbeere, Rosine
Waimperle *n.*	Weinbeere, Rosine
Waisat, -et *n.*	Geschenk an die Wöchnerin
waisatn, -etn	einen Taufbesuch abstatten
waisign	ausmalen (Räume)
Waisl *m.*	Bienenkönigin, Weisel
Waiswurst [-št] *f.*	eine in der Konsistenz der Blutwurst (jedoch ohne Blut!) ähnliche Bratwurst (nicht den „Münchner Weißwürsten" vergleichbar)
Waitling *m.*	mittleres schüsselförmiges Gefäß (aus Email, heute auch aus Plastik)
wak<u>hn</u>	einweichen, im Wasser liegen
wålchn	walken, walgen
Wålger *m.*	walzenförmiges Bündel; (Teig-) Walze
wålgn	sich wälzen, rollen
wālisch	welsch, italienisch
Wål<u>kh</u>er *m.*	(Trachten-)Jacke aus gewalkter Wolle
Wålz *f.*	Wanderschaft (früher besonders bei Handwerkern)

176

walzln	wandern, spazieren gehen
wåmpat	bauchig, dick
Wåmpm *m.*	Bauch
wantsch	fest, kräftig, tüchtig, stattlich, hübsch
warman	wärmen
Wāsale, -ele *n.*	Waserl, (urspr.) hilfsbedürftiges Kind; (ü.) unerfahrene, unselbständige, hilfsbedürftige Person
Wâsch<u>kh</u>ūchl *f.*	Waschküche; (ü.) dichter Nebel am Boden (sowohl im Tal als auch im Gebirge)
waschln	regnen
waschlnâs	durchnässt
Wâschrumpl *f.*	Waschbrett
wāsern	mit Wasser versorgen, tränken
Wâserputsch *m.*	hölzernes Wassergefäß
Wâsn *m.*	Rasen
Wastl *m.*	Sebastian (Kurz-, Koseform)
Wāta *f.*	Watte
Watschn *f.*	Ohrfeige
Waz(n), Woaz(n) *f.*	Weizen
wazan, woazan	aus Weizen, Weizen-
dås Wazan, Woazn *n.*	Reindling (Art Gugelhupf, Kärntner Mehlspeise aus Weizenmehl, Germ, Zimt und Rosinen; „Weizenes")
wea, wē	weh
Wea, Wē *m.*	Weh, Schmerz
weane, -nig	wenig
Wēbasn *f.*	= *Wepsn*
Wēchl, Weachl	1. *f.* Umhang-, Kopftuch für die Frauen; 2. *n.* Linnentuch, Tischtuch
Wēgnâr, -wakl *m.*	Alpen-, Feuersalamander
Wēgtrit *m.*	Vogel-Knöterisch (Pflanze)

Wekhale, -ele *n.*	Weckerl, längliches Brötchen
wekh-ēsn	aufessen
wekhpuzn	aufessen („wegputzen")
welch	welk
welchene	welche
Wenkn, -e, -kh- *f.*	Krümmung; Delle
wenkat, -kh-	schief, verzogen
Wepsn, Wespm [-š-] *f.*	1. Wespe; 2. lebhaftes Kind
Werch, Wirch *n.*	Werg, ungeschlichtete Flachsfasern
Werchtåg, -te *m.*	Werktag, Wochentag
Werchtågsgwånd	Werkags- (also Arbeits-) Kleidung
wern	werden (Flexion s. S. 32)
Weschke *m.*	Bestie
Wespm [-š-] *n.*	→ *Wepsn*
Wēter *n.*	Wetter, Gewitter, Unwetter
wezn	wetzen; (ü.) laufen; (a.) beischlafen
wiastn	verschwenden, „wüsten"
Wīdn *f.*	Wide, aus Ruten gedrehte Halteringe, frisches Reisig
wikhln	(viel und mit Genuss) essen, schlemmern
Wiks *pl.*	Schläge (eig. „Wichse")
wiksn	mit der Rute schlagen; (ü.) masturbieren
wildln	nach Wildpret riechen
Wildschâdn *m.*	un-, außereheliches Kind (aus der Sicht des Vaters, eig. „Wildschaden", = *Flürschâdn*)
Wīmerle *n.*	1. (kleiner) Rucksack; 2. Pickel, Mitesser
windig	unzuverlässig, unberechenbar, unruhig (eig. „sich windend")
windisch	slowenisch (insbesondere Kärntner- slowenisch); (a.) nicht korrekt deutsch

Windischer † *m.*	Kärntner slowenischer Muttersprache
Windpaitl *m.*	Falott, Gauner
Wīr *f.*	Wehr
wirchn (Adj.)	aus Leinen gewirkt
Wīre *f.*	hölzernes Wassergerinne
wīrn	wehren
Wīscher *m.*	Besen
Wispale, -ele [-š-] *n.*	(Triller-)Pfeife
Wīspām [-š- *oder* -s-] *m.*	Wiesbaum (zum Niederhalten des Heus auf dem Wagen)
Wispl [-š-]	Vulva
wispln [-š-]	pfeifen, flüstern
Woazan, Woaz(n)	→ *Wazan*, *Wazn*
wōl	gut, ja, doch; wohl
Wolf *m.*	1. Wolf; 2. Geh- oder Reitwunde, Hautentzündung durch Reibung, Schweiß u.dgl.
Wolkhach *n.*	Gewölk, Haufenwolken
woltan, -en	sehr, ziemlich
Womas, Wåmas, -es *m.*	Junikäfer; Engerling
womazn	vibrieren, sich sanft bewegen; zucken
Worf, Worp *m.*	Sensengriff, -stiel
Wualmaus *f.*	Wühlmaus
Wualtschker *m.*	Maulwurf
wualtschkern	wühlen
Wuast *m.*	Wust; Verschwendung
Wūdl *m.*	Widder
Wukhalan, -k- *pl.*	(eingedrehte) Haarlocken
Wuml *f.*	1. Hummel; 2. dicke weibliche Person
wurlat	verrückt, weggetreten
wurln	wimmeln
Wurzelwerk *n.*	Suppengrün, Wurzelgemüsemischung
Wurzn *f.*	Wurzel

Wūsale, -ele *n.*	etwas Winziges
wūsln	scharenweise auftreten (z.B. Insekten)
Wūte *m.*	Wiedehopf
Wuzale, -ele *n.*	Baby, Kleinkind
Wuzl *m.*	unförmige Gestalt (a. scherzhaft für Babys); Rausch
wūzln	bröseln, krümeln, rollen, zusammendrehen

Da Wualtschgga und da Hås

A Hås trifft af da Onewend
an Wualtschgga, den er lång schuan kennt,
und der gråd umhargråbn tuat.
„Für wås is dås denn eppa guat?"
frågg er. „Wås suachescht denn då drin?
Vor lauter Gråbn werscht noch hin.
Werscht auf und auf jå lei voll Dreck.
Schau mi ån" sågg er stolz und keck,
„wås bin då i fra nobler Månn!
De Dreckårbat greif i nit ån!"
Und wia er si so umharpråhlt,
kimmp von an Bam von nåchn Wåld
a Habicht her gråd übers Moos
und påckt ben Krågn gschwind en Hås.
Da Wualtschgga åber kånn gråd noch
si duckn in sei Erdnloch
und denkt si in sein Wualtschggasinn:
„De Dreckårbat måcht an nit hin.
In Gegntal, so man i hålt,
de håt si decht wohl ausgezåhlt."

(aus: Ronacher, Durchgreitert)

Z

z-	→ z(er)-
Zāber *m.*	Zauber
zåbmp, zåmsta	zu abend, abends
zāch	1. zäh; 2. noch nicht trocken, feucht (Wäsche, Heu)
Zācher *f.*	Träne, Zähre
Zācherlan *pl.*	Tränen, Zähren
Zāchn *n.*	Zeichen, Omen
Zāchn(t) *m.*	Zehe
Zāger *m.*	Zeiger
Zaig	1. *m./n.* Zeug, Werkzeug; 2. *m.* Stoff für Kleider
Zaigs *n.*	Dinge, Sachen
zainan	zäunen, Zaun machen
zaitig	reif, ausgewachsen
Zåker, -o- *m.*	zweirädriger Karren
Zāl(n) *f.*	Zeile
Zām *f.*	Zaum
zåm	zusammen
zåmgean	(ein)schrumpfen, klein werden; sauer werden (Milch); gelingen („zusammengehen")
Zåmgschābach *n.*	letzter („zusammengeschabter") Rest
zåmhu<u>kh</u>n	zusammensitzen (v.a. im Gasthaus, beim Trinken)
zåm<u>kh</u>em(an)	sich treffen; eine (erfolgreiche) Beziehung eingehen („zusammen-kommen")
Zåm<u>kh</u>īrach *n.*	Kehricht, Zusammengekehrtes
zåmlepern, -mpern	kleinweise zusammenkommen (z.B. Geld)

Zåmpuzach *n.*	eingesammelte Reste
zåmrumpln	zusammenbrechen
zåmstēn, -stean	zusammenstehen, -halten
zan, zen	zum
zan Pōsn, zpōsn(t)	zu Fleiß, böswillig, mutwillig, zum Trotz
zān	→ *zārn*
Zāna, -e *f.*	geflochtener Korb, Buckelkorb
zânan	1. grinsen, anlachen (mit spöttisch verzogenem Mund); 2. weinen (auf zornige Art, wobei der Mund „zahnend" verzogen ist, „zahnen")
zânlukhat	Zahnlücken habend
Zånt *m.*	Zahn
zånt-schårtat	zahnlöchrig, fehlende Zähne habend
Zapf *m.*	Prüfung (in der Schule)
Zapfle *n.*	Zäpfchen
Zåpfn *f.*	Zapfen, Verschluss für künstliche stehende Gewässer (Teich, Weiher)
Zapín, Zepín *m.*	Spitzhacke (zum Ziehen von Holzstämmen, Werkzeug für Holzknechte), Sappin
Zapl *m.*	= *Zapín*
zārn, zān	zerren, schwer tragen
Zartale, -ele *n.*	Liebes, Liebkind, bevorzugte Person
zartln	zärtlich sein
zāsn, zoasn	zerzausen, in Unordnung bringen
zawås [zə-]	wofür, warum, weswegen
Zeachn(t) *m.*	Zehe (→ *Zēchn*)
zēberst	zu oberst, ganz oben
Zēchn *m./f.*	Zehe (→ *Zeachn(t)*)
zēchn †	zehn
z(er)flēdert	zerzaust, beschädigt

zekazn	sekkieren, ärgern; etwas ertrotzen; necken
Zeker *m.*	Tragtasche, Schultasche
a guater Zeker	ein guter Kerl
Zēler *m.*	Sellerie
z(er)måtschkert	zerdrückt
Zent *pl.*	Zähne
Zenz *m.*	Vinzenz (Kurzform)
zepfn	zöpfen, Zopf drehen
Zepín	→ *Zapín*
z(er)- [z(ə)-]	zer-
zerkhnūdln	verknüllen, zerknittern
z(er)lempert	beschädigt, kaputt; ungepflegt, zerlumpt
zerst [-št]	zuerst
z(er)tepscht	zerdrückt
z(er)wuzln	zusammenknüllen; (ü.) herzlich lachen
Zētale, -ele *n.*	Notizzettel
Zētl *m.*	Zettel
zētn	kleinweise fallen lassen
zflais	absichtlich (zum Trotz, in böser Absicht)
Ziachkrātl, -grātl *n.*	zweirädriger Ziehwagen (mit Stäben auf der Seite)
Ziachwāgale, -ele *n.*	Handwagen, -karren
Ziachzāker *m.*	Handwagen, -karren
ziagat	zäh, sich ziehend; klebrig
ziagn	ziehen; (ü.) mitziehen
Zībalan *pl.*	Ringlotten; Kriech-, Haferpflaumen
Zibébm *pl.*	große getrocknete Weinbeeren
Zīgn-glekhle *n.*	Sterbeglocke („Zügenglöcklein")
Zikerlan *pl.*	Zuckerln

zi<u>kh</u>n	1. säuerlich werden (von der Milch); 2. zücken; (a.) wegnehmen (z.B. den Führerschein)
Zimat, -et *m.*	Zimt
Zindler *m.*	Zündler; (a.) Aufwiegler
zindln	zündeln, mit dem Feuer spielen
zindn	zünden
Zingesn *f.*	= *Singes(n)*
Zipf *m.*	drei- bzw. viereckiges Gebäck, = *Polsterzipf*
zipfig	sekkant, belästigend
zipfn	sekkieren, belästigen
zipfln	trinken (v.a. alkoholische Getränke)
ziz(er)lwais	nach und nach
Zizn *f.*	Zitze, Brustwarze
zlumpat	zerlumpt
zmeter (Adv.)	zu minder, zu schlecht
zmitåg-ēsn	zu Mittag essen
zmorgnster [-št-]	zum frühen Morgen (Oberkärnten)
zmurklt	zerdrückt
znachtn	abends
znakst	unlängst, neulich („zunächst")
zniacht	nichtig, wertlos („zunichte"); (von Menschen) schwach, hinfällig
a zniachts Mandle	ein ausgezehrter, schwacher Mann
Zoker, -å- *m.*	zweirädriger Karren
Zokl *m.*	Holzschuh
zokln	(schürfend) gehen
Zokln *pl.*	Holzpantoffeln
Zōtl	1. *f.* widerliche Frauensperson; (urspr.) unsittliche, liederliche Frau; 2. *m.* Widerling, unguter Zeitgenosse (a. scherzhaft)

Zōtlhōsn *f.*	Lerchensporn (Pflanze)
zōtln	spazieren gehen, träge Schritte machen
Zōtn *pl.*	Lumpen, Altkleider
Zōtn<u>kh</u>lauber *m.*	Lumpen-, Altkleidersammler
zraisn	zerreißen
zrecht	zurecht
zrecht<u>khem</u>(an)	zurechtkommen, im richtigen Augenblick kommen
zrupft	zerzaust
z spât [zšpât, tšpât]	zu spät
zua	zu; (ü.) betrunken
zuacher, -e	= *zuawer, -e*
zuacherzā(r)n	heranholen (a.ü.)
Zuacherzārer *m.*	Fernglas
zuaglustn	sich Appetit holen; beim Essen zusehen
Zua<u>khr</u>āster *m.*	„Zugereister", Zugezogener
zualīsnan	zuhören, lauschen
zualōsn	zuhören
zualu<u>kh</u>n	zudecken
Zuapōt(e) *m.*	„Zubote", Helfer des Bauern oder Hirten
Zuapuas, -pūse *f.*	kleines Nebeneinkommen
Zuaspais *f.*	Beilage (zu Hauptspeisen)
zuawelānan	dazulehnen, anlehnen
zuawelēgn	dazulegen
zuawer	herzu
zuaweschme<u>kh</u>n	intim sein; ausprobieren
zuawe, -i	hinzu
zu<u>kh</u>azn, -k-	zucken, zittern (vor Schmerz, Kälte)
Zupfsalåt *m.*	Schnittsalat
Zuz *m.*	Schnuller

Z

zuzln	saugen
Zwārer	die Ziffer Zwei, Schulnote 2 usw.
zwâs	= *zawás*
zwēgn	„zu Wegen", des Wegs, daher
zwēgn<u>kh</u>ē<u>m</u>an	daherkommen
zwēgnpringan	einbringen, eine Leistung erbringen
zweks	wegen
Zwespl [-š-] *m.*	junger einfältiger Bursche
Zwespm [-š-] *m.*	Zwetschke
zwīder	zuwider, ungut
Zwīderwurzn *f.*	missmutiger, ständig schlecht gelaunter Mensch
Zwīfl, Zwībl *m.*	Zwiebel
zwīfln	schikanieren
Zwīler *m.*	Schrei
zwīln	schreien (von Kleinkindern und Säuglingen), wehklagen
zwīslat schaugn	schielen
Zwutschkale, -ele *n.*	kleines Etwas (v.a. Baby), kleiner Mensch (v.a. Kind)

Zitierte und weiterführende Literatur

Hornung, Maria (1964): Mundartkunde Osttirols. Wien, ÖAW.

Hornung, Maria – Roitinger, Franz (1950): Unsere Mundarten. Eine dia–
lektkundliche Wanderung durch Österreich. Wien, S. 93-106. – In der
Neubearbeitung (von Gerhard Zeillinger 2000) Wien, oebv&hpt, S.
99-111.

Hutterer, Claus Jürgen – Kainz, Walter – Walcher, Eduard (1987): West–
steirisches Wörterbuch. Grammatik und Wortschatz nach Sachgruppen.
Wien-Köln-Graz, Böhlau..

König, Werner (1978): dtv-Atlas zur deutschen Sprache. München, dtv.
(11. Auflage 1996)

Kranzmayer, Eberhard (1956): Historische Lautgeographie des gesamt–
bairischen Dialektraumes. Wien, ÖAW.

– (1948): Der Kärntner Dialekt. In: Kärntner Almanach 1948 (Klagen–
furt).

– (1962): Der a-Laut für altes ei in der Kärntner Mundart. In: Carinthia I
152, S. 197-226 (Klagenfurt).

– (1970): Klagenfurter Dialekt. In: Landeshauptstadt Klagenfurt II
(Klagenfurt).

Lessiak, Primus (1903): Die Mundart von Pernegg in Kärnten. In: Beiträge
zur Geschichte der Deutschen Sprache 28, S. 1-227, Halle a.d. Saale.

– (1911): Die Mundarten Kärntens. In: Carinthia I 101, S. 2-18 (Klagen–
furt).

Lexer, Matthias (1862): Kärntisches Wörterbuch. Leipzig (Nachdruck
1998).

Petrei, Bertl (1964): Bemalte Bauerntruhe. Aus dem Schatzkästlein der Mundartdichtung, Bd. 1: Kärnten, Maria Rain.

Pichler-Stainern, Arnulf (2004): Die EPI-Methode der Mundartverschriftung (am Beispiel des *Trabrigerischen*, der Mundart von Oberdrauburg, Kärnten). In: Klagenfurter Beiträge zur Sprachwissenschaft 30, S. 1-81 (Klagenfurt-Wien).

Pohl, Heinz Dieter (1989): Kleine Kärntner Mundartkunde (mit Wörter–buch). Klagenfurt, Heyn.

– (1992): Mundart und Schriftsprache in der Volksdichtung. Wie soll Mundart geschrieben werden? In: Mageregger Gespräche zur Volks–kultur in Kärnten (Volksdichtung in Kärnten). Klagenfurt, S. 41-55.

– (1994): Kleines Kärntner Wörterbuch. Ein kleines Wörterbuch. Klagenfurt, Heyn.

– (1997): Deutsch-Slowenisch. In: Kontaktlinguistik (hg. v. H. Goebl – P.H. Nelde – Z. Starý – W. Wölck). Berlin-New York, S. 1813-1820.

– (2000): Die Kärntner Mundarten. In: *Jahrbuch des Österreichischen Volksliedwerkes* 49, S. 50-67 [Kurzfassung in: *Wiener Sprachblätter* 50/1 (2000) S. 4-7] (Wien).

– (2002): Aus Kärntens sprachlicher Vielfalt. Beiträge zur Kärntner Mundart- und Namenkunde. In: Fidibus. Zeitschrift für Literatur und Literaturwissenschaft 29/2 (2001) (Klagenfurt).

– (2004): Die Sprache der Kärntner Küche / Jezik koroške kuhinje. *Ein Lexikon mit Ausblicken auf die österreichische und internationale Küche (für alle, die gerne kochen und wissen wollen, woher viele Küchenausdrücke kommen und was sie bedeuten)*. Klagenfurt, Her-magoras.

– (2005): Deutsch-slowenische und slowenisch-deutsche Lehnbe–
    ziehungen als Spiegel der Kulturgeschichte (gezeigt an Spei–
    senbezeichnungen). In: Beiträge des Internationalen Symposiums
    Deutsche Wortforschung als Kulturgeschichte (25.-27. Sept. 2003),
    hg. v. I. Hausner u. P. Wiesinger, Wien, ÖAW, S. 287-311

Schönet, Beatrix – Schönet, Günther (2004): Sprechen Sie Kärnt–
    nerisch? Ein Sprachführer für Einheimische und Zugereiste. Wien,
    Ueberreuter.

Überfelder, Anton (1862): Kärntner Idiotikon, hg. v. Simon Martin Mayer.
    Klagenfurt.

Wiesinger, Peter (1989): Die Flexionsmorphologie des Verbums im
    Bairischen. Wien, ÖAW.

Wörterbuch der bairischen Mundarten Österreichs. Wien, ÖAW 1963ff.

Zehetner, Ludwig (2005): Bairisches Deutsch. Lexikon der deutschen
    Sprache in Altbayern. Regensburg, edition vulpes.

Abkürzungen

a.	auch
Adj.	Adjektiv („Eigenschaftswort")
Adv.	Adverb („Umstandwort")
Akk.	Akkusativ („4. Fall")
bair.	bairisch (stammesgeschichtlich und mundartkundlich)
dgl.	dergleichen
dt.	deutsch
eig.	eigentlich
Gen.	Genitiv („2. Fall")
f.	feminin („weiblich")
m.	maskulin („männlich")
ma.	mundartlich
n.	neutral („sächlich")
Nom.	Nominativ („1. Fall")
pl.	Plural („Mehrzahl")
PPP	Partizipium des Präteritums passiv („Mittelwort der Vergangenheit")
s.	siehe
s.a.	siehe auch
sg.	Singular („Einzahl")
s.o.	siehe oben
stdt., Stdt.	standarddeutsch („hochdeutsch"), Standarddeutsch („Hochdeutsch")
stma.	stadtmundartlich
s.u.	siehe unten
u.	und
ü.	übertragen (Bedeutung)
urpr.	ursprünglich

usw.	und so weiter
v.a.	vor allem
vgl.	vergleiche
→	siehe
=	ist gleich bzw. entspricht genau
†	veraltet (wird nicht konsequent angewendet)
<	aus (entstanden aus…)
>	zu (wurde zu…)